Hans Weihreter

Ladakh

Hans Weihreter

Ladakh

VERGESSENE FESTE · BOTSCHAFTEN IM FELS

Akademische Druck- u. Verlagsanstalt
Graz/Austria

Die Deutsche Bibliothek – CIP-Einheitsaufnahme

Die Deutsche Bibliothek verzeichnet diese Publikation in der Deutschen Nationalbibliografie, detaillierte bibliografische Daten sind im Internet unter http://dnb-ddb-de abrufbar.

Schutzumschlag und Buchgestaltung: Peter Salmutter, Graz
Druck und Bindung: Medienfabrik, Graz

ISBN 978-3-201-01931-6

INHALT

Widmung

Dieses Buch widme ich
Chantal
Martin Tashi
Stefan Surya
und Edith Peri

VORWORT

Das einzig Beständige ist der ständige Wandel, diese grundlegende Wahrheit fasste Heraklit in den schlichten Worten „*panta rhei*", „alles fließt" zusammen. Unter diesem Aspekt habe ich mich entschlossen, doch noch eine Publikation über Ladakh vorzustellen. Mehrere Jahre lang habe ich dieses faszinierende Bergland bereist und jedes Mal einige Monate unter seinen Bewohnern gelebt. Zunächst meinte ich, es wäre nicht notwendig, den ungezählten Publikationen über Ladakh, die damals den Buchmarkt überschwemmten, noch eine weitere hinzuzufügen. Inzwischen habe ich mehrere Provinzen Indiens ausgiebig bereist und mich mit ganz bestimmten Aspekten des jeweiligen Gebiets befasst. So kam ich zu der Erkenntnis, dass eine intensive Auseinandersetzung mit Details durchaus einen Einblick in ein großes Ganzes ermöglicht, der so noch nicht existiert.

Einige solcher Details, aber vor allem die bisherigen Resultate meiner Dokumentation der Felsbildkunst Ladakhs habe ich deshalb zusammengefasst, um einen ungewöhnlichen Einblick in das Land zu gewähren, dass längst zu einem Mekka der Trekkingtouristen geworden ist. Ganz bewusst verzichte ich auf die Beschreibung der Klöster oder der Trekkingrouten. Dazu gibt es tatsächlich sehr viel gute Literatur.

Das einst einsame und in Europa ziemlich unbekannte Bergland hat sich in den letzten Jahrzehnten gewaltig verändert. Vieles, von dem ich berichte, gibt es nicht mehr, andere Aspekte sind nach wie vor nur dem zugänglich, der sich auf eine lange und intensive Beziehung mit dem Land und seinen Bewohnern einlässt.

Nur wenige Spezialisten wissen von Felsbildern, die in Ladakh vom 1. Jahrtausend v. Chr. bis ins 20. Jahrhundert entstanden sind. Zwar habe ich einen Teil meiner Arbeit über die Petroglyphen zwischen Tagthog, Hemis und Mulbekh schon 1983 dem Südasieninstitut der Universität Heidelberg zur Verfügung gestellt, aber eine Veröffentlichung des faszinierenden Materials ist inzwischen dringlich geworden, denn sehr viele der antiken Bildsteine existieren heute nicht mehr.

Ähnlich ist es mit manchen alten Bräuchen. Deshalb ist es durchaus von Nutzen, einen Einblick in eine Welt zu gewähren, die sich gravierend verändert hat, aber immer noch zu den eindrucksvollsten Regionen des Himalaya zählt. Der Blick auf manche Details erlaubt es uns, faszinierende Brücken zu schlagen zwischen dem Leben der Ladakhis im 20. Jahrhundert und jenen uns oft unbekannten Völkern, welche die antiken Felsbilder schufen. Dadurch gibt das Buch all jenen Reisenden, die tiefer in die Geheimnisse des Landes eindringen möchten, Anregungen, selbst nach Verborgenem zu suchen, das es dort noch immer gibt. In diesem Sinne kann dieses Buch auch als Reiseführer dienen, denn manch verborgener Schatz kann mit seiner Hilfe gefunden werden.

Um die Beschreibung dieses vielgestaltigen Landes und seiner liebenswürdigen, humorvollen Bewohner nicht in einem trockenen, wissenschaftlichen Stil abzuwürgen, habe ich mich entschlossen, einige Aufzeichnungen aus meinen Tagebüchern direkt zu übernehmen. Das gewährleistet einen lebendigen und zugleich authentischen Einblick in das damalige Geschehen.

Augsburg, im Sommer 2010 — Hans Weihreter

DANK

Was hätte ich in jenem wilden Bergland erreicht, wenn mir nicht viele Menschen während der langen Reisen geholfen hätten? Nicht viel, befürchte ich. Deshalb gilt mein herzlicher Dank folgenden Personen:

Herrn Mohammad Akbar, Leh, der uns mehrere Jahre in seinem Haus beherbergte und uns als führender Argoni in diese illustre Gruppe der Bewohner Ladakhs einführte. Herrn Himayat Ullah, von dem ich sehr viel über die alte Kultur Ladakhs erfuhr. Herrn Seyed Ali Schah, der mir als exzellenter Fotograf und Heimatkundler Einblicke in die Welt des alten Ladakh gab. Herrn Sonam Lamchung, der mir oft Unterschlupf in seinem Teehaus in Mulbekh gewährte. Herrn Dorje Namgyal, Lonpo von Alchi, der uns während unserer Arbeit in Alchi perfekt bewirtete und uns viele interessante Hinweise gab. Herrn Thupstan Joldan, dem Abt des Klosters in Stok, danke ich für seine Toleranz und Gastfreundschaft. Nicht vergessen werden darf Jo Tsering Dorje aus Lahoul, der mein langjähriger Lehrer im Himalaya wurde und von dem ich während unserer langen Reisen in Himachal Pradesh und Zanskar auch sehr viel Wissenswertes über Ladakh erfuhr.

In Europa gilt mein Dank besonders folgenden Personen: Allen voran meiner Frau Chantal, die meine Faszination mit Ladakh teilte und mit mir die erste Aufzeichnung der Felsbilder durchführte. Herrn Wolfgang Hörmann, Deubach, mit dem wir die erste Reise nach Ladakh unternahmen. Herrn Robert Reile, Augsburg, mit dem ich viel in Asien gereist bin und der mich auch während der zweiten Phase der Felsbildforschung begleitete. Frau Sasja Rutten und Herrn Paul Rutten, Amsterdam, mit denen ich viele wichtige Diskussionen über die alte Kunst des Himalayas führte. Herrn Drs. Sjoerd de Vries, Amsterdam, von dem ich viel über die Kulturen Ladakhs und Tibets lernte. Den Herren Dr. Volker Thewalt und Prof. Dr. Karl Jettmar, Heidelberg, die als ausgewiesene Kenner der Felsbilder in Pakistan mir viele nützliche Hinweise über die Felsbildkunst gaben und meine Arbeit unterstützten. Für bemerkenswerte Informationen über zentralasiatische und europäische Felsbildkunst danke ich herzlich Frau Petra Litzel und Herrn Ma. Johannes Litzel aus Halle/Saale. Ein besonderer Dank gilt Herrn Dr. Claus-Jürgen Krenz, Friedberg/Bayern, der mein Manuskript durchlas und mich mit den Mysterien der neuen deutschen Rechtschreibung konfrontierte. Herr Harald Hannawald, Augsburg, half mir beim Scannen meiner Bilder und gab mir viele wertvolle Ratschläge.

Nicht vergessen werden dürfen all jene hier nicht genannten Menschen, die uns mit ihrer liebenswürdigen Gastfreundschaft in abgelegen Dörfern und Nomadenlagern des Landes verwöhnten.

EINE SKIZZE DES LANDES UND SEINER GESCHICHTE

Abb. 1

Dieser steinige Pfad im oberen Industal führt in fast 4000 Meter Höhe direkt in einen bedrohlich heraufziehenden Sturm. Wer zum ersten Mal Ladakh besucht, ist geneigt zu glauben, dass diese Landschaft in vergangenen Jahrhunderten für die Menschen eine gewaltige Barriere war. Nur sehr wenige Menschen werden sich in dieses wilde Bergland verirrt haben, könnte man glauben.

In Wirklichkeit war jedoch das Gegenteil der Fall. Durch das Industal zogen schon seit der Bronzezeit Karawanen, Nomaden und mächtige Heerscharen. Völker kamen und verschwanden. Wer Ladakh beherrschte, konnte wichtige Karawanenrouten nach Tibet, Turkestan und Indien kontrollieren. Die hohen Pässe und wilden Schluchten waren zwar stets eine Herausforderung, aber sie verbanden die Menschen mehr, als sie sie trennten. Ungezählte Felsbilder künden uns heute noch von diesen Ereignissen.

Abb. 2

In grauer Vorzeit, wohl schon im 1. Jahrtausend v. Chr., kam das indoarische Volk der Mon aus Indien oder Kaschmir über die hohen Pässe in die lebensfeindliche Bergwüste. Es siedelte in weiten Teilen des Landes. Dieses Volk bekannte sich schon zum Buddhismus, lange bevor die Tibeter mit der Lehre des Erleuchteten konfrontiert wurden.
Landschaft am Namika-Pass (Namika-la, ca. 3780 m. ü. M.)

Abb. 3

Bruchsteinmauern und dichter Baumbestand prägen viele der Oasen in Ladakh. In Alchi sind besonders eindrucksvolle und sehr alte Gärten zu finden.
Vermutlich sahen die Oasen, welche die Mon im Industal anlegten, den heutigen ähnlich. Das Klima dürfte damals schon sehr trocken gewesen sein.

Abb. 4

Abb. 5

Ein Rückhaltebecken im oberen Ladakh. Von hier aus werden die Felder bewässert. Im Hintergrund die Ladakh-Kette. Ohne systematische Bewässerung wäre Landwirtschaft in diesem Land unmöglich. Vermutlich wurden die ersten Rückhaltebecken schon in den Tagen der Mon angelegt.

Abb. 6

Im Westen des Wakha-Tales klebt das Shergol-Gompa in einer senkrechten Felswand. Es trägt den Namen Makhang, „Mutterhaus“, und ging wahrscheinlich aus dem vorbuddhistischen Heiligtum einer Muttergöttin hervor. Vermutlich wurde dieses uralte Höhlenheiligtum schon zu Zeiten der Mon verehrt. Heute ist es die letzte Bastion des Buddhismus in Ladakh. Etwas weiter im Westen beginnt die Welt der Muslime. Von hier aus führt auch der Weg nach Süden in die Berge nach Urgyen Dzong (vgl. S. 116–121).

Abb. 7

Die nächsten Herren des Landes waren wiederum Indoarier, nämlich die Darden. Sie unterwarfen im 4.–5. Jahrhundert n. Chr. die Mon und drängten sie in eine niedere Gesellschaftsschicht ab (vgl. S. 123). Die Burgruine von Staktsche, auch Statitsche genannt, kündet heute noch von ihrer Macht. Man kann das alte Gemäuer nur noch kletternd besichtigen. Es war eine kleine, aber doch sehr schwer zu erobernde Festung des alten dardischen Königreichs von Purig.

Abb. 8

Vor der Burgruine von Staktsche erstreckt sich das gleichnamige Dorf mit seinen üppigen Oasengärten.

Abb. 9

In Sichtweite von Staktsche liegen die Ruinen der gewaltigen Festung von Bod Kharbu. Sie erstrecken sich über ein stattliches Bergmassiv, verschmelzen mit den schroffen Felsen und können vom Tal aus gesehen vom natürlich gewachsenen Stein kaum unterschieden werden.

Abb. 10

Sturmwolken über den Ruinen von Bod Kharbu verleihen der alten Zwingburg der Herren von Purig die richtige Stimmung. Auch jetzt kann man die Ruinen nur mühsam von den natürlichen Felsen unterscheiden.

Abb. 11

Vom Burgberg von Bod Kharbu aus kann man in der Ferne die Ruine der Festung Staktsche auf ihrer Felsnadel erkennen und sieht, wie steil der Felsen ist, auf dem die Burg liegt. Von diesen beiden Bollwerken aus konnten die Herren von Purig den Zugang zum Wakha-Tal und den Weg nach Osten bestens kontrollieren.

Unweit von Bod Kharbu liegt dieses kleine Dorf und darüber ein winziges Kloster im Ganji-Tal.

Abb. 12

Abb. 13

Der Burgberg von Mulbekh im Tal des Wakha-*chu*. Es ist nicht verwunderlich, dass dieser markante Berg schon von den Darden als befestigter Platz ausgebaut wurde. Dass auf seiner Südflanke zahlreiche Felsbilder zu finden sind, ist nicht minder logisch (vgl. Abb. 54–59). Hier wollte man nicht nur mit Wehrmauern Feinden trotzen, sondern auch magisch schützen.

Abb. 14 und **15**

Man kann südlich von Mulbekh durch eine eindrucksvolle Schlucht weit ins Gebirge aufsteigen.

Abb. 16

Den Eingang der Schlucht bewacht ein eindrucksvolles Felsbild. Rätselhafte geometrische Formen bedecken den Stein. Ein vierarmiger Mensch (oder ein Gott?) steht auf einem extrem stilisierten Tier. Neben ihm erscheinen ein Chörten oder ein Lha-tho (vgl. S. 55) und die Silbe OM. Ein weiteres Tier verbirgt sich unten rechts im Gewirr der Linien.
Man erkennt gut, dass das Bild nur mit einem Schlagstein in den Felsen gehämmert worden ist. Trotz der komplizierten Thematik ist es vermutlich nicht sehr alt. Auf jeden Fall entstand es lange nach dem Niedergang der dardischen Herrschaft.

Abb. 17

Von den Bergen hoch über der Schlucht (vgl. Abb. 14 u. 15) erscheint der Burgberg von Mulbekh mit seinem Kloster und den Resten der alten Festung winzig klein. Man kann von hier oben deutlich erkennen, welchen militärischen Stellenwert die alte Festung Mulbekh gehabt hat. Eine Eroberung im Sturm dürfte unmöglich gewesen sein, solange eine kleine, aber entschlossene Schar von Verteidigern mit ausreichend Waffen die Mauern verteidigte. Allerdings hatte wohl auch diese Burg ihre Achillesferse, denn einer längeren Belagerung war sie vermutlich nicht gewachsen. Wir konnten bei unseren zahlreichen Besuchen auf dem Burgberg keinen Brunnen finden und für größere Zisternen fehlte der Platz.

Abb. 18

Die Darden kannten den Buddhismus schon vor den Tibetern. Die späten dardischen Fürsten im Westen Ladakhs waren jedoch Muslime. Auf dem Burgberg von Mulbekh befinden sich zwei kleine Klöster, die nach dem Niedergang des Reiches von Purig erbaut wurden. Nur noch geringe Reste der alten Befestigungsanlage künden heute noch von dardischer Macht.

Abb. 19

Reste der alten Brücke von Khalsi, des alten Khalatse, waren 1981 noch zu sehen. Es handelte sich um eine Kragbrücke. Im Bild oben sieht man links eine Wehrmauer der alten Burg der dardischen Fürsten. Die Brücke führte direkt zur Festung. So konnte der Flussübergang perfekt kontrolliert werden. So ähnlich muss die alte Brücke bei Alchi ausgesehen haben (vgl. S. 88–89).
Die Darden hatten jedoch die Macht in diesem Teil Ladakhs im 10. Jahrhundert verloren. Tibetische Heerscharen unter den Nachkommen der Yarlung-Dynastie hatten das Land erobert (vgl. S. 92). Die Reste der Brücke dürften aus der Periode der Namgyal-Könige stammen (vgl. S. 39).

Abb. 20

Abb. 21

In Mulbekh befindet sich die eindrucksvollste Steinskulptur Ladakhs, nämlich der monumentale Maitreya (vgl. Abb. 22). Ein kleiner Tempel steht vor der Figur. Im Hintergrund links im Bild erkennt man den Eingang zu der Schlucht (s. Abb. 14 und 15).

Abb. 22

Die monumentale Figur des Maitreya in Mulbekh im Morgenlicht. Sie ist ein eindrucksvolles Werk des Postguptastils und entstand vermutlich im 8. Jahrhundert, also wahrscheinlich schon vor dem Einmarsch tibetischer Truppen in diesem Gebiet.

Abb. 23

Der Guru Padmasambhava schreitet während des *cham*-Tanzes auf dem Fest im Kloster Hemis majestätisch über den Tanzplatz. Von Urgyen, wie Padmasambhava in Tibet genannt wird (vgl. S. 116), wurde der tibetische Buddhismus im 8. Jahrhundert n. Chr. maßgeblich geprägt. Er unterwarf der Legende nach unzählige mächtige Dämonen (vgl. S. 121), die seit Urzeiten im Bergland herrschten. So festigte er die neue Lehre Buddhas.

Abb. 24–26

Trotz der machtvollen Bemühungen des Guru Padmasambhava blieben viele dämonische Wesen in Ladakh aktiv.
Drei Bilder eines *geldos* im Wakha-Tal belegen, wie man bis heute versucht, jener dämonischen Wesen Herr zu werden. Im Hintergrund erkennt man die Mauer des Bauernhofes, den das *geldos* samt seinen Bewohnern gegen dämonische Attacken schützen sollte. Dank der verschiedenen Ansichten erkennt man gut, wie der Reiter aus Teig, wohl eine niedere Schutzgottheit (*lha*), ringsum von „Geisterfallen" umgeben ist. Mit diesem Gebilde wollte man den Tieren auf dem Bauernhof besonderen magischen Schutz zukommen lassen. Reiskörner wurden zu Füßen des Reiters geopfert (vgl. S. 121).

Abb. 27 und **28**

Zwei aufwendig gestaltete Geisterfallen (*dö*) an Hauswänden im östlichen Ladakh. Es wurden Schädel toter Tiere mit verwendet. In den Tierschädeln sollen kostbare Dinge enthalten sein. Rote Tupfen und Hakenkreuze (sanskrit *svastika*, tib. *gyung-drung*) auf einer Hauswand sorgen für zusätzlichen magischen Schutz.
Die Vielfalt der Formen solcher Geisterfallen deutet auf die Abwehr verschiedener Bedrohungen hin. Auch die unterschiedlichen Vorgehensweisen im Kampf gegen Dämonen sind in der Vielfalt der Formen zu erkennen. Die kundigen Lamas halten ihr Wissen um den Kampf gegen die *sa bdag* und andere Dämonen jedoch streng geheim (vgl. S. 122).

Abb. 29

Vieles, was der Buddhismus in anderen Ländern nicht kennt, hat heute noch im tibetischen Kulturkreis und somit auch in Ladakh Bestand. Guru Padmasambhava hat zwar Dämonen bezwungen (vgl. S. 30), aber er integrierte vieles mit großer Toleranz in die Lehre Buddhas.

Ein Beispiel dafür ist dieser *Lha-tho* (vgl. S. 55) im östlichen Ladakh. Hier haust nach ladakhischer Vorstellung eine niedere Gottheit. Der *Lha-tho* ist ungewöhnlich aufwendig gestaltete. Er ist rot bemalt, was auf den Wohnort einer zornvollen Gottheit hindeutet. In alle vier Himmelsrichtungen wird er von „Ruhmesgesichtern" (sanskr. *kirtimukha*, tib. *ci-mi-'dra* oder *gzi-gdon*) geschützt. Nach oben schließt ein Bündel von Ästen das Bauwerk ab. Darin verbirgt sich ein Symbol der Axis Mundi in Form des Weltenbaumes. An solchen *Lha-tho* werden oft Opfergaben niedergelegt.

Abb. 30

Hier begann 1981 noch deutlich sichtbar die Welt des alten Ladakh. Im Hintergrund sieht man einige *Lha-tho*, vor denen zahlreiche Gehörne von Tieren geopfert worden sind. Der Briefkasten nördlich von Leh war 1981 der letzte Punkt des modernen Ladakh, dahinter begann die wilde Bergwelt, der Wohnort der Geister, Dämonen und Schutzgötter.

Abb. 31

Die monumentale Steinstele nahe des Chörten von Changspa bei Leh wurde ca. im 9. Jahrhundert angefertigt und zeigt Buddha Shakyamuni. Sie zählt zu den schönsten mittelalterlichen Steinskulpturen im östlichen Ladakh. Die Gläubigen haben zur Verehrung der Kultfigur kleine Steinchen und *mani*-Steine auf dem Relief abgelegt.

Abb. 32

Diese mittelalterliche Steinstele außerhalb des Dorfes Gönpa nördlich von Leh stellt eine lokale Gottheit dar. Sie wurde mit Riten verehrt, die ihren Ursprung in der vorbuddhistischen Religion haben. Die Bewohner der Oase haben nicht nur Butter auf der Stirn der Gottheit geopfert, sondern sie legten in der Neujahrszeit vor ihr Gehörne und einen Rinderschädel ab. Das sind Opferkulte, die dem Gebot des Nichttötens (sanskrit *ahimsa*) widersprechen. Aber im Westhimalaya sind solche Bräuche auch unter Buddhisten weit verbreitet. Hier fließen buddhistische Opferkulte mit den Opfern für niedere Gottheiten an den *Lha-tho* zusammen.

Abb. 33

Darstellung des Bodhisattva Padmapani im weitläufigen Oasengebiet nördlich von Leh. Das Relief entstand ebenfalls im Mittelalter.

Abb. 34

Diese Steinstele ist ein weiterer, seltener Zeuge der mittelalterlichen Geschichte Ladakhs. Die Gläubigen hatten sie vor kurzer Zeit mit ikonografisch vorgeschriebenen Farben bemalt. Das Bemalen heiliger Steine und Figuren mit ikonografisch korrekten Farben hat in Indien und im Himalaya eine lange Tradition (vgl. S. 112). Buddha Shakyamuni ist hier abgebildet. Der Erleuchtete führt das Mudra der Furchtlosigkeit (*abhaya-mudra*) aus.

Abb. 35

Der Stupa (Chörten) von Changspa bei Leh wurde zwischen dem 8. und 10. Jahrhundert erbaut und nach 1500 erweitert. Er zeigt bedingt durch den Umbau im 16. Jahrhundert eine andere Form als die Chörten auf den Felsbildern von Alchi (vgl. Abb. 87–91). Das ist ein interessanter Hinweis für die Datierung der Petroglyphen. Der Stupa von Changspa ist ein früher Zeuge der politischen Umwälzungen im späten Mittelalter. 1470 nahm der König *Lha-chen Bha-gan* den Titel *Nam-gyal* (siegreich) an und gründete die lange Zeit mächtige Namgyal-Dynastie. Dadurch wurde der wachsende Einfluss der Muslime aus Kaschmir für längere Zeit eingedämmt und die Kultur des tibetischen Buddhismus gefestigt.

Abb. 36

Die Ruine des großen Stupa (Chörten tib. *mchod rten*) von Tisseru nördlich von Leh. Der Bau geht auf das 8./9. Jahrhundert zurück, wurde aber um 1430 von König Drags Bum De erweitert. Die eindrucksvolle Größe dieses Bauwerks belegt die Bedeutung der Region im ausgehenden Mittelalter.

Abb. 37

Die Tempel auf dem Namgyal Tsemo-Berg hoch über Leh bei aufkommendem Sturm. Leh war bis 1834 die Hauptstadt der Namgyal-Könige.

Abb. 38

Bis heute prägen prachtvolle buddhistische Feste den Jahreslauf in Ladakh. Am Tag von Buddhas Geburtstag 1982 reiste eine Statue des Erleuchteten auf einem Jeep durch die weitläufige Oase. Tausende Gläubige zogen prächtig geschmückt von Tempel zu Tempel.

Abb. 39

Anlässlich von Buddhas Geburtstag 1982 wurden die heiligen Bücher aller Klosterorden durch Leh getragen und segnend auf die Häupter der Gläubigen gelegt.

Abb. 40

Es ist vermutlich nur der Namgyal-Dynastie zu verdanken, dass im Westen des Landes, im Wakha-Tal, einige uralte Höhlenheiligtümer der Buddhisten den Ansturm des Islam überdauerten. Zwar lebten bis 1985 Muslime und Buddhisten auch im Wakha-Tal friedlich nebeneinander. Aber die Zeiten der Toleranz könnten schon bald vorüber sein, denn der Kaschmirkonflikt breitet sich in dieser Region zusehends aus.

Über dem Dorf Wakha liegt das Höhlenkloster *rGyal*-Gompa in steiler Felswand (vgl. S. 43).

Abb. 41 und **42**

Verwegen ist das *rGyal*-Gompa in die Konglomerat-Felsen gebaut. Es dürfte sich um ein uraltes Heiligtum handeln, das eventuell schon viel älter ist als der tibetische Buddhismus. Die stattlichen Bauernhöfe zu Füßen des Höhlenheiligtums verdanken ihre Entstehung dem weitläufigen, sehr fruchtbaren Tal des Wakha-*chu*.
Im Bild oben verfolgen ein Lama und ein Novize unseren Aufstieg zum Felsenhorst.

Abb. 43 Zwei Knaben suchen in den Bergen hoch über Mulbekh nach Brennmaterial.

Abb. 44

Muslim-Kinder kommen mit Brennstoff beladen aus den Bergen zurück nach Mulbekh. Im Hintergrund erkennt man schwach einen Teil der rätselhaften Bänder, die auf den Burgfelsen von Mulbekh geritzt wurden (vgl. S. 66–67).

Abb. 45–47

Drei verschiedene Ansichten des Gebetsraumes der Moschee von Leh. Neben den tibetischen Elementen in der Architektur waren die antiken, ausgezeichnet erhaltenen Reihengebetsteppiche (*saph*) interessant. Sie waren ein Erbe der Argoni (vgl. S. 123), stammten aus Ostturkestan und zählten zu den feinsten Teppichen aus diesem Gebiet, die ich jemals sah. Sie dürften um 1800 oder etwas früher entstanden sein und waren in einem hervorragenden Zustand. Zwei der antiken *saph* waren ungewöhnlich groß, nämlich je zwei übereinander angeordnete Reihen von Gebetsnischen (arabisch *mihrâb*) an einem ca. 10 Meter langen Stück. Die antiken Teppichschätze lagen sogar an vielen Stellen in mehreren Lagen übereinander.
Zwar gab es in Leh schon vor der Schlacht um Basgo (vgl. S. 122) eine Moschee, aber nachdem der islamische Mogul-Kaiser Aurangzeb dem König Delegs Namgyal in einem Krieg gegen die Mongolen geholfen hatte, nahm der Einfluss des Islam und der Argoni erheblich zu (vgl. S. 123). Das führte zum Bau der schönen Moschee von Leh.

Abb. 48 und **49**

Die alte Festung von Basgo ist ein eindrucksvoller Zeuge der langen und wechselvollen Geschichte Ladakhs. Ihr Name kommt aus der dardischen Sprache und bedeutet „Bullenkopf".

Vor den Mauern des „Göttlichen Gipfels der Standhaftigkeit", wie Basgo auch genannt wurde, vollzog sich ein wichtiger Wendepunkt der Geschichte: Die mongolische Armee des 5. Dalai Lamas wurde von einem Heer der Mogule, die sich selbst „Mongolen" nannten, aber keine waren, besiegt. Damit wurde der Einfluss der Muslime im buddhistischen Ladakh enorm gestärkt (vgl. S. 122–123).

Abb. 50

Die monumentale Statue des Maitreya im oberen Tempel der Burg von Basgo ist das Siegeszeichen, dass die Namgyal-Dynastie errichten ließ. Der Oberkörper des Buddhas des kommenden Weltzeitalters ragt weit in das obere Stockwerk und kann vom Eingang aus nur teilweise gesehen werden. Vor ihm haben Gläubige Glücksschleifen (tib. *katak*) aufgehängt.

Abb. 51

Wandmalerei im Kloster Alchi-Choskhor. Sie entstand im 11.–12. Jahrhundert unter direktem Einfluss des Großreichs von Kaschmir. Kaschmir war damals noch ein mächtiges Königreich, dass von Buddhismus und Hinduismus geprägt war. Die Malereien im Kloster von Alchi geben uns wertvolle Hinweise auf die Felsbildkunst. Der hier abgebildete Chörten ist stilistisch mit zahlreichen Chörten verwandt, die wir auf Felsbildern nahe Alchi fanden (vgl. Abb. 87 bis 91). Das untermauert die Datierung vieler Felsbilder.

Abb. 52 und **53**

Deckenmalereien im Sum-tseg (*gSum brtsegs*) Alchi-Choskhor, 11.–12. Jahrhundert. In diesen Bildern werden Einflüsse von Kaschmir und dem Iran deutlich. Künftige Ereignisse kündigten sich in ihnen ebenfalls an, denn es waren islamische Reiterheere, die im 14. Jahrhundert das Reich von Kaschmir vernichteten.
Die Schützen auf den Bildern verwenden alle typische Waffen zentralasiatischer Reitervölker, nämlich Reflexbögen. Das stellt auch Verbindungen zu Felsgravuren her (vgl. z. B. Abb. 83 und 93). Die Eleganz der Tänzerinnen gibt eine winzige Vorstellung von der hohen Qualität der Malereien im weltberühmten Choskor-Kloster.

Botschaften im Fels

DIE FELSBILDER IN LADAKH

Im Sommer 1981 stießen wir, mehr durch Zufall, auf eine meines Wissens völlig unbekannte Felsbildstelle in dem weitläufigen Trockental zwischen Shey und Stakmo. Die Existenz von Felsbildern in Ladakh war mir bekannt. Bislang hatte ich jedoch den Petroglyphen keine Aufmerksamkeit geschenkt. In einem Buch von A. H. Francke[1] fand ich wenig später erste Hinweise auf Felsgravuren, deren Ursprung laut Francke in die Periode der dardischen Herrschaft zurückreichen soll. Schon bei der ersten Betrachtung des Felsbildareals im Shey-Stakmo-Tal wurde mir klar, dass eine eindeutige Datierung und Einordnung der Bilder äußerst schwierig ist. Wir fanden schon am ersten Tag unserer Untersuchungen drei stark voneinander abweichende Stile in der Darstellungsart. Die Verwitterung der verschiedenen Petroglyphen war ebenfalls sehr unterschiedlich und reichte von bestens erhaltenen Gravuren bis zu extrem verwitterten Bildern, deren Umrisse nur noch mit großen Schwierigkeiten erkannt werden konnten oder mit der Hand ertastbar waren. Diese Tatsachen legten die Vermutung nahe, dass Felsbilder in Ladakh viele Jahrhunderte lang von verschiedenen Völkern, uralten Traditionen folgend, in die Felsblöcke gemeißelt worden sind. Die technischen Aspekte der Felsbildfertigung in Ladakh waren, soweit ich nach sorgfältigen Untersuchungen Schlüsse ziehen konnte, folgende:

Die meisten von uns gefundenen Felsbilder wurden auf mehr oder weniger große Geröllblöcke geritzt oder mit einem harten Stein eingeschlagen. Die Verwendung von Metallwerkzeugen, wie etwa von Meißeln, kam auch vor, wie die sorgfältige Analyse der entsprechenden Bilder nahelegte. Offensichtlich geschah das nur sehr selten auf bedeutenden Steinen, die vermutlich zu bestimmten religiösen Riten verwendet worden sind.

Vgl. Abb. 16

Die Geröllblöcke, auf denen Felsbilder zu finden waren, wiesen fast alle eine dicke Schicht von so genanntem „Wüstenlack“ auf. Wüstenlack besteht aus Eisen- und Manganoxyden, die in Wasser gelöst durch Kapillarwirkung aus dem Inneren dieser Felsblöcke zur Oberfläche der Steine transportiert wurden. Hohe Temperaturen, gelegentlicher Regen und der Morgentau spielen bei diesem Prozess eine wichtige Rolle. Durch Anteile verschiedener Spurenelemente und organischer Substanzen bekommt der Wüstenlack Färbungen von unterschiedlichen Brauntönen bis hin zu tiefem Schwarz. Oft wirkt die Oberfläche sogar metallisch glänzend.

Vgl. Abb. 60 und **66**

[1] A. H. Francke, „*Ladakh, the Mysterious Land*“, reprint, Delhi 1978, S. 33–35.

Diese mineralischen Überzüge kommen auf Quarzgesteinen, Basalt und härteren Metamorphosegesteinen vor. Auf Kalksteinen erscheinen sie nicht, da diese zu porös sind. Die Schichten von Wüstenlack benötigen sehr lange Zeit für ihre Entstehung.

Die Menschen, welche die Petroglyphen schufen, machten sich die dunkle Tönung des Wüstenlackes zunutze, um den Bildern einen farblichen Kontrast zu geben. Wenn der Wüstenlack mit einem Stein- oder Metall-Werkzeug durchgeschlagen wird, erscheint darunter das Trägergestein weißlich, grau oder beige. Ältere und älteste Petroglyphen weisen im Bereich der Gravuren wieder Wüstenlack auf, da der Prozess seiner Bildung natürlich unaufhaltsam weiter läuft. Diesen Prozess nennen wir Repatinierung.

Eventuell könnte man, zusammen mit präzisen mineralogischen Analysen, manche Bilder etwas genauer datieren.

Eine sehr grobe zeitliche Einordnung ist auf jeden Fall Dank des Wüstenlacks möglich, denn eine Gravur, die wieder eine starke Repatinierung durch Wüstenlack aufweist, muss zwangsläufig deutlich älter sein als etwa ein daneben oder gar darüber liegendes Felsbild ohne neuerliche Bildung von Wüstenlack.

Im östlichen Ladakh fand ich bislang fast ausschließlich Felsgravuren auf Steinen mit Wüstenlack. Bilder auf andersfarbigem Gestein, etwa auf grauen Felsen, waren sehr selten. Im westlichen Ladakh, vor allem im Wakha-Tal auf dem Burgberg von Mulbekh, kommen jedoch Gravuren auf grauem Gestein vor, da dort Steine mit Wüstenlack fehlen.

Vgl. Abb. 54

Aus der Lage der Geröllsteine mit Wüstenlack, sie liegen alle naturgemäß in Trockentälern, lässt sich der Schluss ziehen, dass das Land schon viele Jahrhunderte unter dem gleichen trockenen Klima litt wie heute. Wenn das nicht so wäre, hätten vermutlich heftige Wassermassen, zumindest im Frühjahr während der Schneeschmelze, die Bildsteine an manchen Stellen überspült und sie teilweise vernichtet. Zwar fanden wir im Laufe unserer Arbeit viele Altersschäden, konnten aber keine Zerstörungen durch Wildwasser an den Felsbildern erkennen.

(Eventuell lässt sich diese Erkenntnis später verwenden, um die näheren Lebensbedingungen der Völker, welche die Petroglyphen schufen, im Detail zu erforschen. Ich möchte hier nur auf diese Tatsache hinweisen.)

Die von uns gefundenen Felsbilder in Ladakh gliedern sich thematisch in folgende Gruppen:

Jagddarstellungen und Jagdzauber

Diese Gruppe ist am weitesten verbreitet. Sie kommt in allen Stilen vor und scheint über drei Jahrtausende hinweg immer wieder im Mittelpunkt des Darstellungsbedürfnisses gestanden zu haben. Über die verschiedenen Stile der Felsbilder s. S. 56. Was die Jagdbilder anbelangt, scheint die Tradition bis auf den heutigen Tag lebendig zu sein, allerdings spätestens ab dem 20. Jahrhundert in viel geringerem Umfang und auf wesentlich niedrigerem Niveau. Das beweist, dass es sich bei den Menschen, welche die Felsbilder schufen, um Angehörige verschiedener Völker handelt, denn die ältesten Jagdbilder dürften schon im 1. Jahrtausend v. Chr. entstanden sein.

Vgl. Abb. 81

Religiöse Darstellungen mit buddhistischer Thematik

Zu dieser Gruppe zählen Inschriften und Darstellungen von buddhistischen Kultbauten, die so genannten Chörten[2]. Die Tatsache, dass diese Art von Felsbildern bis auf den heutigen Tag angefertigt wird, beweist einmal mehr, dass die Felsbildtradition bis in unsere Zeit lebendig ist.

Vgl. Abb. 89

Religiöse Themen wie Chörten und buddhistische Inschriften kommen gelegentlich auch zusammen mit Jagd- und Tierszenen vor. Nach Patinierung und Gravurart zu schließen, können beide Themenkreise auf ein und demselben Stein, sowohl aus verschiedenen Perioden als auch aus dem gleichen Zeithorizont stammen. Es ist aus diesem Grund anzunehmen, dass viele Jahrhunderte lang, bis auf den heutigen Tag, der alte, wohl schamanistisch geprägte Jagd- und Tierkult in vielen Riten in den Buddhismus überging.[3]

Vgl. Abb. 83

Stilistische Einordnung und Art der Bearbeitung der Steine

Was die religiösen Bauten buddhistischen Ursprungs anbelangt, so ist die Vielfalt der Stile der Chörten bemerkenswert. Diese Vielfalt weist ebenfalls darauf hin, dass die Felsbilder aus verschiedenen Jahrhunderten stammen. In der näheren Umgebung bedeutender alter Klöster findet man oft Petroglyphen mit besonders qualitätsvollen Darstellungen von Chörten. Das Felsbildareal nahe Alchi ist das bedeutendste dieser Art, das wir bisher fanden (vgl. S. 88–105).

Entlang alter Saumpfade und Karawanenwege findet man gelegentlich Abbildungen von Chörten geringerer Qualität. Sie wurden vermutlich von Reisenden flüchtig in die Felsen gemeißelt, um göttlichen Schutz auf gefährlichen Reisen zu erlangen. Erwähnt werden muss in diesem Zusammenhang, dass manche Gravur, die einem Chörten ähnlich sieht, einen Lha-tho[4] darstellen könnte.

Vgl. Abb. 29

[2] Tibetisch *mchod rten, von chos rtan* = Platz/Sitz der Lehre/Religion. Aussprache *tschörten*. Sanskrit *stupa*, von *stup* = anhäufen, ansammeln.

[3] Das lässt sich in anderen Zusammenhängen in der heutigen Volksreligion Ladakhs ebenfalls nachweisen, vgl. z. B. „*Schmuck aus dem Himalaja*" S. 30 ff.

[4] Lha-tho (tib. *lha* = niedere Gottheit und *tho* = Stein), also „Götterstein", sind Opferaltäre aus Stein, die ihre Wurzeln in der vorbuddhistischen Religion haben. Anm. d. Verf.

Chörten, gleich welche architektonischen Merkmale der Darstellung zugrunde liegen, wurden in zwei Arten dargestellt: Sehr primitive, gelegentlich sogar schlampig ausgeführte Bilder stehen solchen von höchster Präzision und oft hoher künstlerischer Qualität gegenüber.

Vgl. Abb. 82
Vgl. Abb. 87

Was nun die Darstellungen von Tieren und Jagdszenen anbelangt, so fielen mir drei Stile besonders auf. In Ermangelung geeigneter Termini für diese drei Arten verwende ich Bezeichnungen, die grundlegende Auskünfte bezüglich der Darstellungsart geben.

Der Linienstil

Unter dieser Bezeichnung fasse ich alle jene Darstellungen von Menschen und Tieren zusammen, deren Körper in extremer Stilisierung nur durch dünne Linien, als Strichzeichnung dargestellt wurden. Beispiele für diesen Stil findet man überall in Ladakh. Ein herausragendes Exemplar ist das „heilige" Tier auf dem großen Kultstein bei Nurla.

Vgl. Abb. 75

Der Linienstil scheint schon seit frühesten Zeiten angewendet worden zu sein. Viele der Bilder im Linienstil sind extrem stark verwittert und durch Wüstenlack repatiniert. Die meisten sehr alten Darstellungen dieser Art wurden besonders tief graviert. Es ist bei manchen Steinen zu erkennen, dass die tiefen und präzisen Gravuren mit einem Metallmeißel angefertigt worden sind. Darstellungen von Menschen und Tieren kommen in diesem Stil vor.

Vgl. Abb. 73

Einige der inhaltlich wichtigsten Steine dieses Stils sind in ihrer Gesamtwirkung sehr eindrucksvoll. Üppiger, verwirrender Dekor, zusammengestellt aus zahlreichen Tieren und Menschen, erzeugt auf solchen Steinen gelegentlich eine archaische, wuchtige Wirkung. Vermutlich wurde dieser Stil auch schon lange vor der Einwanderung der Darden und Tibeter von anderen Bewohnern des Landes, etwa den Mon, verwendet. (vgl. S. 12–17).[5]

Vgl. Abb. 71

Der flächige Stil

Unter dieser Bezeichnung werden all jene Tier- und Menschenbilder zusammengefasst, deren Körper zwar stilisiert, aber flächig dargestellt worden sind. Das heißt, dass die gesamte Fläche des jeweiligen Körpers aus dem Gestein herausgeschlagen wurde. Die markantesten Petroglyphen dieser Art befinden sich bei Alchi und Taroo. Auch im flächigen Stil wurden primitive und sehr gut gearbeitete Bilder hergestellt. Er scheint, wie auch der Linienstil, sehr alten Ursprungs zu sein.

Vgl. Abb. 81 und **101**

[5] Vgl. Francke in „*Ladakh, the Mysterious Land*", S. 19 ff.

Manche Bilder sind weder dem Linienstil noch dem flächigen Stil eindeutig zuzuordnen, sondern stellen eine Mischform beider Stile dar.

Künstlerisch wertvolle Bilder kommen im flächigen Stil relativ häufig vor. Manche Bilder erinnern an steinzeitliche Felsbilder in den Alpen oder in der Sahara. Zwar glaube ich nicht, dass solche Petroglyphen in Ladakh auf die Steinzeit zurückgehen, aber einige von ihnen könnten im 1. Jahrtausend v. Chr. entstanden sein.

Die eindrucksvollsten Bilder dieser Art beziehen ihre wuchtige und elegante Wirkung sowohl aus der Darstellung einzelner Tiere oder Menschen als auch aus der Abbildung kleiner Gruppen. Steine mit Darstellungen im flächigen Stil, die ihre Wirkung aus einer fast verwirrenden Vielfalt von zahlreichen Figuren beziehen, wie dies beim reinen Linienstil vorkommt, konnte ich bislang nicht finden.

Vgl. Abb. 80

Diese Felsritzung nahe Taroo ist vermutlich nicht sehr alt. Sie zeigt jedoch ein uraltes Thema: Zwei Tiere, dargestellt im so genannten Röntgenstil.

Der Umriss-Stil

Unter Umriss-Stil verstehe ich all jene Gravuren, welche die Körper von Tieren und Menschen durch Herausschlagen der Umrisslinien der jeweiligen Körper darstellen, aber die Körperfläche unbearbeitet lassen oder nur einige wenige stilisierte Linien im Körper abbilden. Auffallend ist bei diesem Stil, dass manche Linien im Körper von Tieren sehr anorganisch und unlogisch wirken. Diese Linien könnten in manchen Fällen mit einer Tötungsmagie in Verbindung stehen.

Gelegentlich erscheint sogar ein kleineres Tier im Leib eines größeren. Man nennt das auch den Röntgenstil.

Eventuell wollte man mit solchen Bildern eine Schwangerschaft darstellen und die Fruchtbarkeit der Tiere günstig beeinflussen?

Ein zweiter, sehr auffälliger Punkt ist der fast immer fehlende künstlerische Aspekt der Darstellungen im Umriss-Stil.

Der Begriff „künstlerisch" in Bezug auf Felsbilder ist natürlich eine Vorstellung des westlichen Betrachters. Für die Ladakhis sind Felsbilder keine Kunst! Die meisten Gravuren im Umriss-Stil sind jedoch handwerklich sehr primitiv ausgeführt worden. Gute, sehr alte Gravuren in sorgfältiger handwerklicher Ausführung fand ich im Umriss-Stil nur äußerst selten. Darstellungen dieser Art wurden gelegentlich sogar über alte Petroglyphen gemeißelt. Solche Bilder markieren den Zerfall einer uralten Tradition.

Vgl. Abb. 76

Zum Umriss-Stil gehört auch eine Untergruppe von Tierdarstellungen, die ich aufgrund ihrer Körperform als „Tiere mit bitriangulärem Körper" bezeichne. Der Leib solcher Tiere besteht aus zwei zusammengefügten Dreiecken. Tiere mit bitriangulärem Körper wurden fast immer nur flüchtig mit einem Schlagstein in die Felsblöcke gehämmert. Dieser Stil wird offensichtlich bis auf den heutigen Tag verwendet. Oft wurden diese Gravuren auch auf sehr alten Bildsteinen angebracht. Vgl. Abb. 70 Vermutlich ist darin in vielen Fällen kein Vandalismus von heute lebenden Menschen zu sehen. Wahrscheinlich wollen Jäger auch in unseren Tagen auf diese Weise von der Magie der bedeutenden und sehr alten Bildsteine profitieren. Leider gibt es Vgl. Abb. 58 dennoch zeitgenössischen Vandalismus.

Versuch einer groben Datierung der Petroglyphen

Es wäre unwissenschaftlich, wenn wir jetzt schon versuchen würden, die Felsbilder zeitlich präzise einzuordnen. In Bezug auf das Alter der Darstellungen von Chörten haben wir bestimmte Anhaltspunkte in Wandmalereien mittelalterlicher Vgl. Abb. 51 Klöster. Man muss aber davon ausgehen, dass stilistische Vergleiche dieser Art etwas ungenau sind, denn es ist anzunehmen, dass im Himalaya alte Architekturformen viel länger überlebten als zum Beispiel im Tiefland Nordindiens.

Was die Darstellungen von Tieren und Menschen betrifft, so ergaben sich kleine Anhaltspunkte, die zumindest hilfreich für eine zukünftige Datierung der Felsbilder sein könnten.

Auf vielen Steinen liegen verschiedene Gravuren unterschiedlicher Stile übereinander. Das ergibt die zwingende Logik, dass die obere Gravur jünger sein muss Vgl. Abb. 76 als die darunter liegende.

Was nun Linienstil und flächigen Stil anbelangt, so wurden sie vermutlich über sehr lange Zeit hinweg parallel verwendet. Im Falle von Überlagerungen liegt jedoch meistens der Linienstil oben. Die archaische Ausstrahlung der beiden Stile ist oft groß. Die ältesten Petroglyphen könnten sogar noch in der ersten Hälfte des 1. Jahrtausend v. Chr. entstanden sein.

Was jedoch den Umriss-Stil anbelangt, so kann ich bislang nur bestätigen, dass Vgl. Abb. 102 er, von wenigen Ausnahmen abgesehen, deutlich jünger sein muss als die anderen Stile.

Der Umriss-Stil mit bitriangulären Körpern ist eindeutig der jüngste Stil der ladakhischen Petroglyphen. Diese Art von Gravuren lag bei den von mir untersuchten Steinen mit Überlagerungen immer über den anderen Bildern. Nur in seltenen Fällen dürften Petroglyphen dieses Stils älter als 100 bis 300 Jahre sein. Die fehlende Patina und die geringe Verwitterung der Gravuren sprechen dagegen.

Das heißt natürlich nicht, dass der Linienstil und der flächige Stil nicht auch gelegentlich bis in unsere Tage verwendet wurden. Eventuell ist der Stein auf Abb. 66 ein Beispiel dafür.

Ein weiterer Umstand ist zu beachten: Wüstenlack scheint oft härter zu sein als das darunter liegende Gestein. So ist er sehr empfindlich für Frostaufbrüche. Wenn an ungeschützten Stellen Wasser unter die Oxydschicht sickert und danach eine frostige Nacht folgt, blättern ganze Teile der Oberfläche ab und zerstören die Bilder.

Vgl. Abb. 84

Wir konnten Steine entdecken, die für die Bevölkerung der jeweiligen Region offensichtlich einen sehr hohen kultischen Wert hatten. Nach einer teilweisen Zerstörung der alten Bilder durch die Witterung war es den Menschen daher ein Bedürfnis, die verloren gegangenen Petroglyphen wiederherzustellen oder zu ergänzen. In solchen Fällen liegen logischerweise die neueren Bilder – bedingt durch die Frostabsprünge – etwas tiefer als die älteren, aber natürlich niemals direkt darunter.

Gelegentlich wurden solche „Reparaturen" nicht im ursprünglichen Linien- oder im flächigen Stil ausgeführt, sondern in einem sehr primitiven Umriss-Stil. Mischstile kommen allerdings auch vor. Aufgrund all dieser Beobachtungen gehe ich davon aus, dass der Umriss-Stil und die bitriangulären Körper viel später entstanden sind als die Darstellungen in den anderen Stilen. Auf seltene Ausnahmen weise ich gesondert hin.

Weitere Abbildungen

Neben den Tieren und Menschen und den eindeutig buddhistischen Bauten fanden wir zahlreiche geometrische Muster und Darstellungen von Bauwerken, die offensichtlich keinen buddhistischen Hintergrund hatten.

Auffallend bei der Betrachtung von geometrischen Symbolen wie Quadraten, Dreiecken und Kreisen in vielgestaltigen Untergliederungen war die Tatsache, dass sich oft eine Zahlensymbolik in den Bildern zu verbergen scheint. Am häufigsten fand ich die heiligen Zahlen der Bönpo,[6] nämlich 9 und 13. Diese Zahlensymbolik war auch auf einigen Tierdarstellungen zu finden. Viele der geometrischen Symbole wirkten aufgrund der Fertigungstechnik, Verwitterung und Patina sehr alt.

Geografisch war ein auffallender Unterschied zwischen den Gravuren im unteren Ladakh, z. B. dem Gebiet um Mulbekh, also dem ehemaligen Territorium der Fürsten von Purig, und dem Gebiet des oberen Ladakh zu erkennen. Manche der geometrischen Symbole fanden wir nur im Wakha-Tal, andere nur im Osten des Landes.

[6] Die animistische Ur-Religion Tibets wird *bon-chos* genannt. Ihre Anhänger heißen Bönpo. Anm. d. Verf.

Wer fertigte die Felsbilder?

Diese Frage kann noch nicht endgültig beantwortet werden. Waren es dardische Stämme oder später eingewanderte Tibeter? Waren es die aus beiden Völkern entstandenen Ladakhis? Ich bin überzeugt davon, dass die Felsbildtradition bei all jenen Völkern, die hier lebten, durchzogen oder noch leben, verbreitet war und ist.

Ein Beweis hierfür sind zweifellos die zahlreichen, flüchtig angefertigten Namensgravuren in Urdu und Hindi, aber auch sehr sorgfältig gearbeitete Urdu-Schriften mit Namen von Heiligen des Islam, die durch Angehörige der indischen Armee in Ladakh verbreitet werden.

In längst vergangenen Tagen waren sicher auch hier durchziehende Nomaden aus Innerasien unter den Felsbildkünstlern. Steine bieten sich hier als Informationsträger geradezu an! Vermutlich stammen viele der alten Arbeiten aus dardischer Zeit. Manche sogar von noch älteren Völkern, etwa den Mon. Aber bis heute ist die Sitte, Bilder in Felsen und Steine zu ritzen, lebendig.

Vgl. Abb. 63 und **68**

Interessant ist die Tatsache, dass alte Petroglyphen oft in der Nähe alter Burgruinen zu finden sind. Es würde sich lohnen, diese Ruinen genauer zu untersuchen. Bei flüchtiger Betrachtung fiel mir auf, dass fast immer unterschiedliches Mauerwerk im Ruinenbereich zu finden war. Am auffallendsten war das typische Mauerwerk aus der Zeit der Namgyal-Dynastie. Darunter lagen jedoch oft Reste von Mauern aus Bruchsteinen, wie man sie z. B. in den Ruinen der mächtigen Dardenburgen von Bod Kharbu, Mulbekh oder Statitsche findet. Das legt den Schluss nahe, dass tatsächlich die Darden einen wichtigen Anteil an der Fertigung von Felsbildern in Ladakh hatten.

Vgl. Abb. 7, 9, 13

Diverse antike Inschriften, die ich weder kannte noch lesen konnte, werden nach Durchsicht durch Fachleute weiteres Licht auf die Felsbildkünstler der verschiedenen Perioden werfen. Einen Umstand der Entstehung der Felsbilder konnte ich jedoch mit großer Wahrscheinlichkeit klären. In all den Jahrhunderten, in denen Menschen Petroglyphen fertigten, gab es zwei Gruppen von Schöpfern: Die größte Gruppe von Felsbildkünstlern schuf während aller Epochen Steine mit primitiven Bildern. Die geringe technische Qualität der Ausführung und das Fehlen ikonografischer Konzepte auf solchen Bildsteinen legen die Vermutung nahe, dass sie von Jägern, ohne jede Spezialkenntnis, flüchtig in die Felsen geritzt oder gehämmert wurden, um einen guten Zauber für eine erfolgreiche Jagd zu erlangen. Ebenso wurden ab und zu Chörten flüchtig in Felsen gemeißelt. Damit wollten Reisende vermutlich einen besonderen Schutz von den Gottheiten auf den gefährlichen Bergpfaden erflehen. All diese Bilder haben eines gemeinsam: Sie wurden von ungeübten Laien hergestellt.

Etwa 10 Kilometer nördlich von Saspol ragt ein mächtiger Felsblock in das Hochtal, durch welches seit Jahrhunderten Jäger und Karawanen zogen. Er ist über und über mit Felsgravuren von Horntieren, wohl Steinböcken und Wildziegen, bedeckt. Viele Generationen von Jägern haben auf ihm Tiere neben- und übereinander eingeritzt, um eine erfolgreiche Jagd zu erlangen. So entstand ein eindrucksvolles Felsbild, dessen einzelne Komponenten für den westlichen Betrachter ohne „künstlerischen Wert" sind, in ihrer Gesamtheit jedoch ein wuchtiges Zeugnis jagdmagischer Vorstellungen darstellen.

Nur wenige Kilometer entfernt schiebt sich ein Felsen bis zum Karawanenpfad. Auf ihn haben Reisende einige Chörten gemeißelt, wohl um eine sichere Reise zu erlangen. Am rechten Bildrand erkennt man winzig klein drei richtige Chörten, die dem Reisenden den Weg weisen und ihm Segen spenden.

Die zweite Gruppe von Felsbildkünstlern dürfte sehr viel kleiner gewesen sein. Dafür schuf sie jedoch viel eindrucksvollere Bilder. Besonders hervorstechende, große Felsblöcke (vgl. Abb. 95 und 71), alte Burgberge (vgl. Abb. 13) oder Steine an besonderen Stellen wurden offensichtlich von Spezialisten bearbeitet. Die handwerkliche und künstlerische Qualität solcher Petroglyphen, aber auch ihre symbolische Fülle beweisen das.

Alle Bilder auf Steinen dieser Art, die ich bisher fand, waren stark repatiniert und folglich sehr alt. Abgesehen von wenigen Ausnahmen fand ich komplexe Bildzyklen nur im Linienstil und seltener im flächigen Stil. Das legt wiederum die Vermutung nahe, dass ab einer bestimmten Zeit die Arbeit der Spezialisten zum Erliegen kam.

Wer waren diese Spezialisten? Waren es geübte Handwerker, die im Auftrag von Schamanen und Magiern oder später von Mönchen (tib.: Lama)[7] die Petroglyphen schufen? Waren es die Lamas oder Schamanen selbst, die diese Arbeiten, strengen Riten folgend, auf „magisch besonders wirksamen Steinen" ausführten? Endgültig kann diese Frage nicht beantwortet werden, aber es ist sehr wahrscheinlich, dass es tatsächlich Priester oder Schamanen, also besonders kundige Menschen waren, die für die Entstehung dieser Felsbilder verantwortlich sind.

Der Schamanismus hat sich in Ladakh bis in unsere Tage erhalten. Das beweisen die Lhapa's und Lhamo's (vgl. S. 127–133). Außerdem werden im Himalaya bis heute von buddhistischen Mönchen uralte magische Praktiken ausgeübt (vgl. S. 121–122), die ihre Wurzeln in der vorbuddhistischen Periode des Landes haben.

Fest steht, dass die Symbolik der bedeutendsten Bildsteine weit über den normalen Jagdzauber eines streifenden Jägers hinausgeht. Man kann in manchen Fällen sogar von einer Ikonografie sprechen. Einige der Bildsteine wirkten wie Altäre, an denen komplexe Rituale durchgeführt worden sind. Vermutlich wollte man an diesen Kultplätzen die Fruchtbarkeit der Wildtiere fördern. Es wurden offensichtlich heilige oder göttliche Tiere verehrt. Geometrische Symbole magischen Charakters sollten schützen und Segen spenden. Immer wieder erscheinen Wildziegen und Steinböcke, die sich ja bei dardischen Völkern bis heute besonderer Verehrung erfreuen. Tänzer in ungewöhnlicher Tracht oder Adoranten in verehrender Haltung erscheinen gelegentlich auf solchen Steinen. Neben den ungezählten flüchtigen Gravuren, die umherschweifende Jäger oder Hirten in die Felsen gehämmert haben, fallen diese bedeutenden Bilder besonders auf. Sie wurden wahrscheinlich angefertigt, um Orte für jagdmagische Rituale zu schaffen.

Vgl. Abb. 94

Vgl. Abb. 60

Vgl. Abb. 99

Interessant ist, dass dort, wo sich bedeutende Kultsteine befanden, fast immer alte Pfade zu besonders reichen Weidegründen ins Gebirge führten. Üppiges Grasland hat immer schon Hirten mit ihren Herden sowie Wildtiere und Jäger angelockt. Folglich wäre es nicht unlogisch, am Ausgangspunkt eines solchen Pfades magische Riten zur Förderung der Fruchtbarkeit der Wildtiere und für eine erfolgreiche Jagd abzuhalten. Ganz genau werden wir das vermutlich nie erfahren, aber es

[7] Lama (tib. *bla ma*), wörtlich „Lehrer", ist die Bezeichnung der buddhistischen Mönche im tibetischen Kulturkreis. Anm. d. Verf.

ist zumindest eine Überlegung wert. Bedeutende, ikonografisch korrekte Darstellungen von buddhistischen Chörten sind sicher Werke von kundigen Mönchen.

Schwierigkeiten bei der fotografischen Erfassung der Petroglyphen

Da wir 1981 ganz unvorbereitet auf die Felsbilder stießen, waren unsere technischen Mittel sehr begrenzt. Viele Bilder waren nur noch sehr schwach erhalten. Deshalb konnten wir sie selbst bei idealster Beleuchtung nur sehr eingeschränkt fotografisch erfassen. Hinzu kam, dass die besten Lichtverhältnisse nur selten gegeben waren. So mussten wir viele Bildsteine mehrmals besuchen und unter verschiedenen Beleuchtungen fotografieren, um eine möglichst detailgetreue Dokumentation zu ermöglichen. Viele Bildsteine müssen deshalb durch mehrere Abbildungen erschlossen werden, um das Studium von Details zu ermöglichen. Dazu ist es hilfreich, sowohl Farbbilder als auch Schwarzweißfotos zu verwenden. Farbbilder sind dann notwendig, wenn feine Farbnuancen der Repatinierung sichtbar gemacht werden müssen. Um kleine, auf den Fotos nicht erkennbare Details darzustellen, greife ich auf Kopien meiner Zeichnungen zurück. Besonders hinderlich waren die in Ladakh damals so häufigen militärischen Schutzzonen und Sperrgebiete, deren Betreten streng verboten war oder in deren Bereich nicht fotografiert werden durfte. So mussten wir leider so manche Wanderung auf alten Karawanenpfaden abbrechen, um Repressalien seitens der indischen Armee zu entgehen.

Vgl. Abb. 98–101

Auf jeden Fall war bezüglich der Erforschung von Felsbildern große Eile geboten. Man baut seit vielen Jahren neue Straßen. Die indischen und ladakhischen Straßenbauteams zerkleinerten mit großer Zielstrebigkeit auch Steine mit alten Petroglyphen zu Schotter. Diese Unsitte haben wir besonders häufig unter islamischen Arbeitern gesehen, was vermutlich mit deren Abscheu vor solch „heidnischem Zeug“ zu tun hatte. Dazu kam das Problem des natürlichen Zerfalls der Petroglyphen durch Frostaufbrüche.

Vgl. Abb. 74

Bildsteine, die direkt oberhalb des Indusufers lagen, wurden außerdem durch jedes Hochwasser bedroht. Einige Uferböschungen mit prachtvollen Bildsteinen sind inzwischen, wie ich erfuhr, im reißenden Strom versunken.

BESCHREIBUNG WICHTIGER FELSBILDER

Leider existieren inzwischen viele der antiken Bildsteine nicht mehr. Das wird auch von indischen Quellen bestätigt. Man versucht in Ladakh seit einigen Jahren die noch vorhandenen, kostbaren Zeugen der alten Geschichte zu schützen.[8] Aber in

[8] Informant: SD Singh Jamwal, IPS.

vielen Fällen kommt die Hilfe zu spät. Deshalb ist es unerlässlich, in dieser Publikation möglichst viele Petroglyphen vorzustellen. Diese steinernen Zeugen aus längst vergangenen Tagen gewähren uns, wenn wir sie im Detail betrachten, vielschichtige Einblicke in die Entwicklung der Kulturen Ladakhs und müssen deshalb den Freunden des Westhimalaya und der Wissenschaft wenigsten in Bildern erhalten bleiben.

FELSBILDER AUF DEM BURGBERG VON MULBEKH

Im unteren Ladakh fanden wir nur wenige Felsbilder. Leider konnten wir im Gebiet um Chigtan wegen der damals noch existierenden militärischen Sperrzone nicht arbeiten.

Einen interessanten Fundkomplex entdeckten wir am markanten Burgberg von Mulbekh. In der Oase von Mulbekh befanden sich einige unbedeutende Bilder.

Vgl. Abb. 13

Wegen des Fehlens von Steinen mit Wüstenlack im Bereich des Wakha-Tales wurden die Gravuren in grauen Kalkstein geritzt, was eine geringere Kontrastwirkung zur Folge hat. Deshalb erscheinen viele Petroglyphen im Wakha-Tal oft nur schemenhaft und konnten fotografisch nur teilweise erfasst werden.

Das Wakha-Tal gehörte früher zum Reich von Purig. Dieses späte dardische Fürstentum war bereits im Mittelalter stark vom Islam geprägt. Allerdings haben sich im dardischen Siedlungsgebiet sowohl im Raum um Dah und Hanu als auch im Bergland Nordpakistans bis heute Reste animistischer Religionen erhalten. Diesem Umstand ist es wohl zu verdanken, dass sich die Felsbilder in Westladakh stilistisch und thematisch etwas von den Gravuren im Zentrum und Osten des Landes unterscheiden. In diesem Zusammenhang muss erwähnt werden, dass auch auf anderen Gebieten, wie z. B. Architektur, Volksschmuck und Trachten, beträchtliche Unterschiede zum östlichen Ladakh bestehen.[9]

Bemerkenswert sind die Felsbilder auf dem mächtigen Burgberg von Mulbekh, auf dem sich heute noch, nebst einigen Mauerresten der alten Festung aus dardischer Zeit, zwei kleine buddhistische Klöster befinden.

Vgl. Abb. 18

Ein Spiegelbild der verschiedenen Siedlungsschichten auf dem Berg sind die Felsbilder am Fuß des Berges. Die einzelnen Darstellungen stammen aus verschiedenen Epochen. Übergravuren kommen auffallend häufig vor. Buddhistische Chörten, Tiere in verschiedenen Stilen, geometrische Symbole, primitiv stilisierte Menschen sind zu finden. Ikonografisch gut dargestellte Chörten stehen neben flüchtig in den Fels geritzten von geringerem Alter. Es gibt Tiere im flächigen Stil, die über Chörten gemeißelt wurden. Eine Gruppe von Tieren im flächigen Stil und

Vgl. Abb. 54–58

[9] Vgl. dazu viele Details in „*Schmuck aus dem Himalaja*", Graz 1988.

ein dazugehörender Jäger mit einem Reflexbogen könnten die ältesten Bilder in diesem Abschnitt des Burgberges sein. **Vgl. Abb. 58**

Darstellungen im Linienstil sind auch zu finden. Die meisten Tiere wirken unbeholfen und plump. Leider sind viele Darstellungen von Tieren, Jägern und Chörten mit rezenten Inschriften in tibetischer Sprache und Schrift übergraviert worden und somit nur bedingt zu erkennen. Bei den Inschriften handelt es sich um das Mantra „Om Mani Padme Hum". An zwei Stellen erkennt man auch Namensgravuren in lateinischen Lettern. „T.T.CHOPA" und „TDC" sind zu lesen. Eine der Namensgravuren lässt sich datieren. Der Schreiber war so freundlich und hinterließ bei seinem Werk die Jahreszahl 1981. **Vgl. Abb. 57**

Das geschah offensichtlich erst, nachdem wir 1981 diese Petroglyphen zum ersten Mal fotografiert hatten. Das Bild mit der Datierung nahm ich 1982 auf. Das beweist, dass bis in unsere Tage Menschen, denen die frühere religiös-magische Bedeutung der Gravuren nicht mehr bekannt war, die alten Felsbilder verschandelten. Ein Namen und ein Datum haben mit den Denkweisen der Altvorderen sicher nichts zu tun und unterscheiden sich in wesentlichen Aspekten von vielen anderen Übergravuren.

Neben den schon erwähnten Übergravuren alter Chörten mit Tierdarstellungen bietet der Burgberg von Mulbekh einige symbolträchtige Bilder. Zwei Ziegen umgeben einen Chörten (vgl. S. 66). **Vgl. Abb. 56**

Das rätselhafte Band (vgl. S. 66).

Es kommen extrem stilisierte Menschen und vierfach unterteilte Quadrate mit Punkten in den einzelnen Feldern vor.

Ein markantes Bild stellt einen Bodhisattva mit einer dreizackigen Krone dar. Es könnte sich um Avalokiteshvara handeln. Das naiv gestaltete Bild ist etwa 75 cm hoch. Der Stil und die geringe Verwitterung belegen, dass es wesentlich jünger ist als der monumentale Maitreya in Mulbekh auf Abb. 22.

Vgl. Abb. 59

Bemerkenswert ist ein Gravurkomplex entlang der Südost-Seite des Burgberges. Auf einer Länge von ca. 19 Schritten zieht sich ein Band mit geometrischen Formen um die Basis des Burgfelsens.

Vgl. Abb. 44

Auf der doppelten Linie erkennt man nach oben leicht abgerundete Dreiecke, von denen manche als Abschluss einen Strich (Stab?) aufwiesen. Danach folgen Reihen von jeweils drei übereinander liegenden Elementen, von denen viele als Bekrönung Gebilde tragen, die eventuell Zweige darstellen könnten. Das legt die Vermutung nahe, dass es sich um Lha-tho's (vgl. S. 33–34) handelt. Bedauerlicherweise war dieser interessante Gravurkomplex nur noch fragmentarisch erhalten und fotografisch kaum noch zu erfassen. Zwar war ich noch in der Lage, den Zusammenhang des Gesamtbildes zu erkennen, leider waren aber große Partien des Bildes bis zur Unkenntlichkeit durch Verwitterung zerstört. So konnte ich weder so wichtige Fakten, wie die

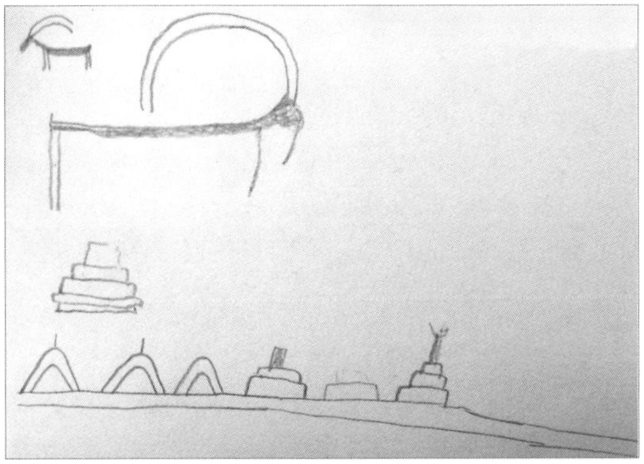

Wegen der extrem schwachen Gravuren mussten wir die „magischen Bänder" am Burgberg von Mulbekh teilweise abzeichnen.

genaue Anzahl der Lha-tho's (?) und der dreieckigen Formen, noch die Gesamtlänge des einstigen Bildes erfassen. Zum besseren Verständnis dienen zwei Zeichnungen.

Uns erschien dieser Bildkomplex wie ein „magischer Schutzwall" am Fuße des alten Burgbergs. Vergleichbares haben wir in Ladakh nicht gefunden. Das komplexe Motiv von Bändern vermaßen wir, soweit es noch sichtbar war.
Band 1: ca. 718 cm, Band 2: ca. 628 cm, Band 3: ca. 191 cm.

Vermutlich waren diese Bänder früher viel länger. Spärliche Reste an anderen Stellen ließen darauf schließen.

Ein Teil der Bilder vom Burgberg in Mulbekh dürfte ein hohes Alter haben. Leider wurden die meisten Bilder durch rezente Übergravuren stark verschandelt. Die meisten Petroglyphen entstanden vermutlich zwischen dem 14. und 20. Jahrhundert. Einige könnten sogar aus der Darden-Periode stammen.

DIE WICHTIGSTEN FELSBILDER IM RAUM KHALSI

Der Felsbildkomplex von Khalsi zählt zu den bedeutendsten in Ladakh, denn hier siedelten verschiedene Völker und hinterließen eindrucksvolle Zeugen ihrer Kulturen. Der alte Namen des Ortes war Khalatse. Meines Wissens ist diese Felsbildstelle eine der wenigen, die schon gelegentlich in der Literatur erwähnt wurde. Wenn Francke von Felsbildern in Ladakh schreibt, so dürfte er weitgehend die Petroglyphen in und bei Khalatse meinen, wie man einigen seiner Zeichnungen entnehmen kann.[10] Auch in anderen Büchern wird diese Bildstelle erwähnt. Bislang vermisse ich aber eine genaue Erfassung dieser Gravuren. Aus diesem Grund haben wir uns intensiv mit dem Gebiet um das alte Khalatse auseinandergesetzt und außer den schon bekannten Petroglyphen einige spektakuläre Neuentdeckungen gemacht.

[10] Vgl. Francke in „*Ladakh, the Mysterious Land*", S. 35.

Dort findet man, ähnlich wie bei Alchi, Darstellungen von buddhistischen Chörten und verschiedene Abbildungen von Tieren. Es ist wahrscheinlich, dass viele der älteren Felsbilder von den Darden stammen. Das heißt jedoch nicht, dass später, als die tibetischen Herrscher der Yarlung-Dynastie ihre Festung in die Felsen hoch über die Siedlung Khalsi bauten, nicht auch weiterhin Gravuren im alten Stil angefertigt worden sind. Könige aus der tibetischen Yarlung-Dynastie und deren Nachkommen herrschten ab ca. 930 bis ca. 1470 – sich oft gegenseitig heftig befehdend – von verschiedenen Festungen aus über Ladakh. Ab 1470 vereinigten die Könige der Namgyal-Dynastie Ladakh und regierten bis 1834.

Offensichtlich wurden seit dem frühen Mittelalter bis weit in die Neuzeit hinein Petroglyphen nahe Khalsi in die Felsblöcke gemeißelt. Da oft alte Stile verwendet wurden, ist eine präzise Datierung der Bilder unmöglich. Ausschlaggebend für die reichen Felsbildvorkommen bei Khalsi dürfte die strategische und verkehrstechnische Bedeutung des Ortes sein. In und um Khalsi fanden wir ungewöhnlich viele, sehr bedeutende Petroglyphen, nämlich westlich des Ortes in Richtung Indusbrücke, innerhalb der Oase und östlich davon, neben der Straße in Richtung Leh.

Vermutlich war es, wie oberhalb der ehemaligen alten Brücke bei Alchi (vgl. S. 88), der Gedanke, den Flussübergang magisch zu schützen, der zur Entstehung einiger dieser Bilder führte. Spärliche Reste der alten Brücke überspannten 1981 noch den Strom. Sie waren nicht mehr zum Überqueren des Stromes geeignet, gaben aber noch einen Eindruck davon, wie die mit Ausnahme der Fundamente gänzlich verschwundene alte Brücke nahe Alchi (vgl. S. 89) ausgesehen haben könnte.

Vgl. Abb. 19 und **20**

Bei der alten Brücke von Khalatse handelte es sich um eine Kragbrücke. Vermutlich befand sich auch in Alchi eine Brücke dieses Typs.

Kragbrücken waren im Himalaya, insbesondere dort, wo ausreichend Holz in entsprechenden Stammlängen zur Verfügung stand, weit verbreitet. Sie hatten einen bedeutenden strategischen und wirtschaftlichen Nutzen, denn im Gegensatz zu Hängebrücken[11] konnte man sie mit Lasttieren und berittenen Truppen überqueren. Da in Ladakh wohl schon lange Zeit Baumstämme dieser Größe nicht leicht zu finden waren, mussten die Stämme vermutlich aus Kaschmir geholt werden. Das deutet in jedem Fall auf einflussreiche und mächtige Bauherren hin. Die direkt bei der Brücke gelegene Ruine einer dardischen Festung war einst ein wirkungsvolles Bollwerk zum Schutze und zur Kontrolle des Indusübergangs.

Khalsi war auch der Ort, der meiner Beobachtung nach am meisten unter der systematischen Zerstörung der Bildsteine durch Straßenbautrupps litt, was in An-

[11] Vgl. „*Westhimalaya – Am Rand der bewohnbaren Erde*“, S. 160.

betracht der teilweise einzigartigen und historisch bedeutenden Bilder sehr bedauerlich war. Umso wichtiger ist es, die interessantesten Bildsteine an dieser Stelle zu veröffentlichen.

Der „Stein der Tänzer"

Vgl. Abb. 60–62

Der „Stein der Tänzer" befand sich etwa 4,5 Kilometer westlich von Khalsi über dem linken Indusufer. Er war mit einer dicken Schicht aus Wüstenlack überzogen. Verschiedene Darstellungen waren auf ihm zu finden, die sich alle durch große Dynamik auszeichneten. Um die Details der Gravuren besser studieren zu können, ist es unerlässlich, mehrere Abbildungen zu zeigen. Auf die sehr feinen farblichen Abstufungen der Repatinierung ist besonders zu achten. Die Gravuren waren unterschiedlich tief und wiesen verschieden starke Repatinierungen auf. Drei Zeithorizonte konnte man deutlich unterscheiden. Die ältesten Bilder dürften ein hohes Alter haben. Eine Entstehung während der ersten drei Jahrhunderte n. Chr. halte ich für wahrscheinlich. Selbst eine Datierung noch ins ausgehende 1. Jahrtausend v. Chr. kann keineswegs ausgeschlossen werden.

Man erkennt mehrere Wildtiere mit ausgeprägten Darstellungen des männlichen Geschlechts. Außerdem sieht man folgende Abbildungen auf dem Felsblock: Rechts im Bild einen Reiter auf einem Pferd, hinter dem ein Wesen „schwebt". Es könnte sich um einen Vogel, vielleicht um eine Ente handeln.

Einen stehenden Jäger, der einen Pfeil auf ein kleines Tier abschießt.

Ganz links auf dem Stein erscheint ein einfaches, großes Strichmännchen, das mit Sicherheit nicht so alt ist wie die ältesten Gravuren. Es ist von plumper Gestalt und weist eine etwas geringere Repatinierung auf.

Im Zentrum des Bildes tanzt ein Mensch mit hoch erhobenen, sehr großen Händen vor einem stattlichen Steinbock mit gebogenen Hörnern.

Über einer weiteren Wildziege links auf dem Stein erscheinen zwei rätselhafte Figuren. Sie tragen stilisierte Röcke, wie wir sie von der Kunst der Kushanen (ca. 1. bis 3. Jahrhundert n. Chr.) kennen.[12] Auf den ersten Blick haben diese Menschen jeweils vier Beine.

Vielleicht wollte man mit den vier Beinen die Bewegungen eines Tanzes darstellen? Wenn das so wäre, geschah dies auf jeden Fall nach der Anfertigung der Figuren. Während des sorgfältigen Studiums der Gravur konnten wir feststellen, dass die beiden äußeren Beine der Figuren jeweils etwas später in den Felsblock gemeißelt worden sind, denn sie waren nicht so tief graviert und wiesen eine etwas hellere Repatinierung auf als die ursprüngliche Gravur. Sie könnten zeitgleich mit

[12] Rockartige Trachten von Männern, die auf uralte Trachten zurückgehen, haben sich bis in unsere Tage bei den Hindu-Gaddi im Westhimalaya erhalten. Vgl. „*Westhimalaya – Am Rand der bewohnbaren Erde*", S. 62 ff.

dem einfachen Strichmännchen daneben entstanden sein. Eine genaue Betrachtung der drei Bilder macht die Unterschiede sichtbar. Außerdem wirken die äußeren Beine ziemlich plump.

Sehr deutlich erkennt man eine weiße Verbindungslinie zwischen den inneren Beinen der oberen Figur, die eindeutig erst vor relativ kurzer Zeit in den Stein geritzt worden ist.

Vgl. Abb. 61

Zwei geschwungene Linien über der linken Hand des zentralen Tänzers wurden ebenfalls vor sehr langer Zeit, aber nach den ältesten Gravuren in den Stein gemeißelt. Im Bild kann man das nur schwach erkennen. Man sieht auch noch einen Ring mit einem Punkt und einer nach oben weisenden Spitze im unteren Teil des Felsblocks, der ebenfalls erst vor kurzer Zeit angebracht worden ist. Offensichtlich übte das Felsbild bis ins 19./20. Jahrhundert auf die Bewohner des Gebiets eine gewisse Anziehungskraft aus. Leider konnte ich nicht in Erfahrung bringen, weswegen die Änderungen des alten Bildes vorgenommen wurden.

Die spitzen Mützen oder Hüte, welche die beiden „vierbeinigen" Menschen tragen, sind auch ungewöhnlich. Es sei lediglich darauf verwiesen, dass die Orakel der Hindu-Gaddi höhere Mützen tragen als die anderen Männer des Stammes, die entweder einen Turban oder ein flaches Rundmützchen (*topi*) verwenden.[13] Da manche Bestandteile der Tracht der Gaddi auf uralte Vorstellungen zurückgehen,[14] kann man zumindest über die Bedeutung der abgebildeten Figuren nachdenken. Die ältesten Gravuren auf dem Stein der „Tänzer" könnten durchaus in der Periode des Kushanen-Reiches entstanden sein. Die „zusätzlichen Beine" kamen wohl erst ein paar Jahrhunderte später dazu. Die sehr hellen, fast weißen Gravuren dürften ziemlich jung sein. Eventuell sind sie nur wenige Jahrzehnte alt.

Der „Stein der Hirsche"

Vgl. Abb. 63–65

Sehr bedeutend ist der „Stein der Hirsche", den wir neben einem abgelegenen Pfad westlich von Khalsi fanden. Um die wichtigen Details dieses Felsbildes möglichst genau darzustellen, zeigen wir verschiedene Aufnahmen.

Wegen der unebenen Form des Steins war das Bild nur bei bestimmten Beleuchtungen gut zu erkennen.

Auf dem stark mit Wüstenlack überzogenen Stein erkennt man zwei Hirsche, ein Tier mit kleinen, gebogenen Hörnern (Ausschnitt ca. 62 x 50 cm) sowie ein undefinierbares Wesen. Die Gravuren waren sehr tief und wieder stark mit Wüstenlack repatiniert.

[13] Vgl. „*Westhimalaya - Am Rand der bewohnbaren Erde*", S. 175.
[14] Informant Jo Tsering Dorje, Kangsar, Bara Lahoul.

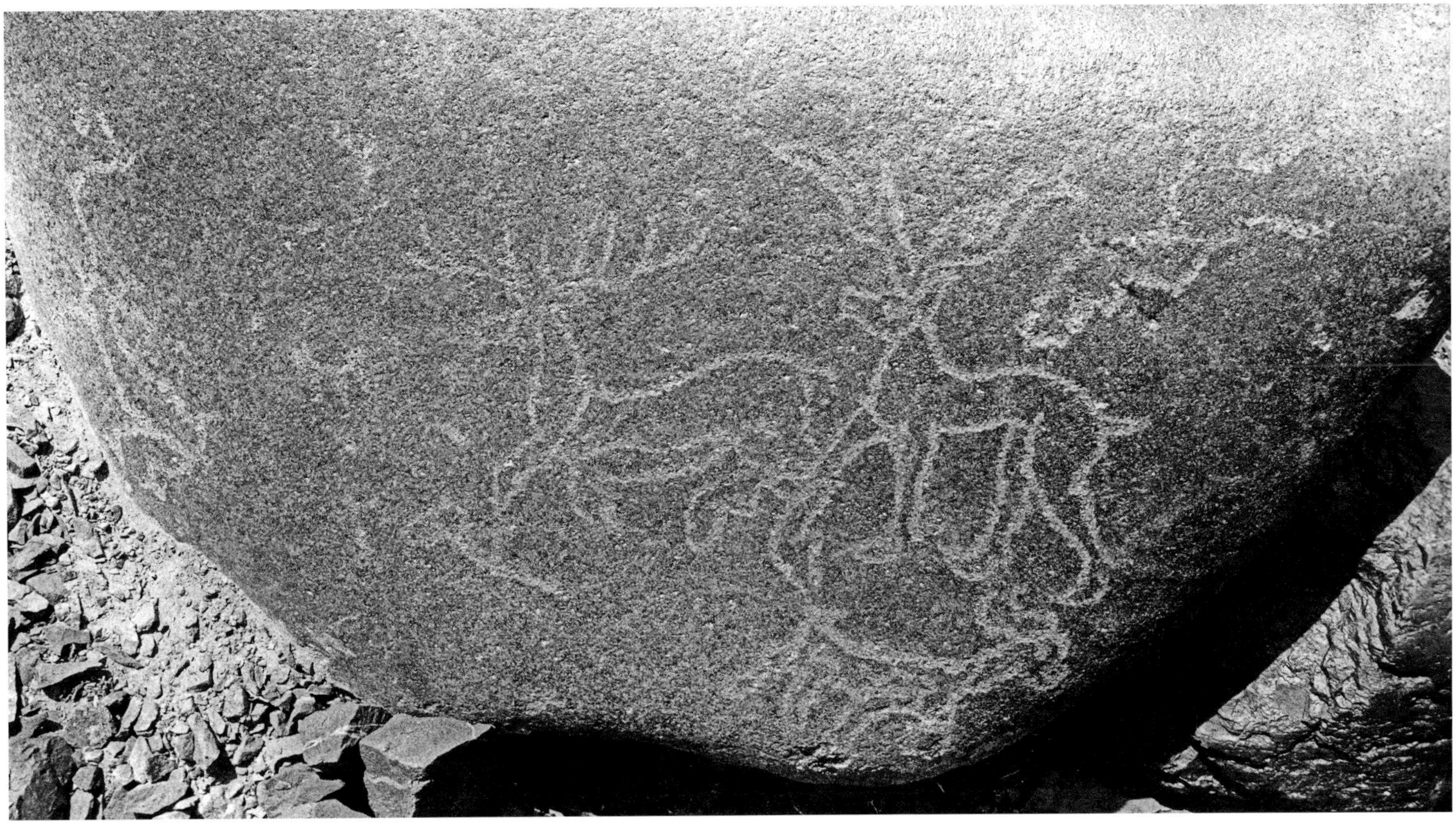

Die zwei Ansichten des „Steins der Hirsche“ (vgl. Abb. 63–65) erlauben eine bessere Erfassung des Felsbildes.

Allerdings waren das kleine Horntier, das undefinierbare Wesen und eine Schlangenlinie über dem rechten „Hirsch“ eindeutig jünger als die Hirsche, denn die Repatinierung dieser Gravuren war etwas geringer.

Vgl. Abb. 65

Das klingt alles ziemlich gewöhnlich, ist es aber nicht. Zumindest die beiden „Hirsche“, bei näherer Betrachtung war es dann vermutlich nur einer, erzählen eine ungewöhnliche Geschichte. Der Versuch einer Deutung des Bildes erlaubt folgende Interpretation:

Zentrales Thema dieses Felsbildes sind zwei Hirsche, die, wie die Analyse des Wüstenlacks belegt, zusammen angefertigt wurden. Die beiden Hirsche können ungefähr datiert werden. Sie dürften in der zweiten Hälfte des 1. Jahrtausends v. Chr. entstanden sein. Man kann deutlich Elemente des „zentralasiatischen Tierstils“ erkennen. Für unser Thema ist folgende Beobachtung interessant:

Der Hirsch links im Bild ist in voller Bewegung dargestellt. Er scheint zu fliehen. Sein Geweih hat 9 Enden (Zahlensymbolik?). Trotz der Stilisierung des Bildes erkennt man, dass die Beine des Tieres in Hufen enden. Der zweite Hirsch rechts im Bild wirkt etwas steif. Sein Geweih unterscheidet sich in der Darstellungsart klar vom Geweih des ersten Hirsches. Es wirkt auf mich wie die Ledergeweihe auf den Hirschfiguren, die im Grab von Pazyryk II (Ukok-Plateau im Altai-Gebirge, Si-

alten Bildern, die entstanden sind, als die Menschen in einer noch viel engeren Symbiose mit Tieren zusammenlebten als heute. Die jüngeren Petroglyphen lassen diese Lebendigkeit mehr und mehr vermissen und wirken oft steif und unbeholfen.

Dieses Felsbild ist typisch für die in Ladakh weit verbreiteten Darstellungen von Jagdzauber auf Bildsteinen. Es ist tief graviert und wieder stark repatiniert. Das deutet auf ein sehr hohes Alter des Bildes hin. Leider konnten wir schon den Beginn von Frostaufbrüchen erkennen, weswegen es unbedingt dokumentiert werden muss.

Unterhalb der Reste der alten Brücke von Khalatse befanden sich zwei bemerkenswerte Bildsteine.

Bei dieser Abbildung handelt es sich um einen Ausschnitt des Felsblocks auf Abb. 69.

Einer der Steine war nur noch fragmentarisch erhalten. Ein Chörten, mehrere Wildziegen und eine große, achtblättrige Blüte (Lotos?) waren auf ihm zu sehen.

Der zweite Stein zeigte zwei Chörten, ein undefinierbares Tier, eine Wildziege und ein Pferd. Die Tiere wiesen eine geringere Repatinierung auf und dürften später entstanden sein als die Chörten. Zwischen den Chörten ist schwach sichtbar ein Donnerkeil (sanskrit *vajra*, tibetisch *rdo-rje*) abgebildet. Die Spitzen des *vajra* sind Pfeilspitzen ähnlich und erinnerten mich an bestimmte mittelalterliche Bodenfunde (*thog-lcags*).[20] Vermutlich entstanden die Chörten und der *rdo-rje* zwischen dem 9. und 12. Jahrhundert.

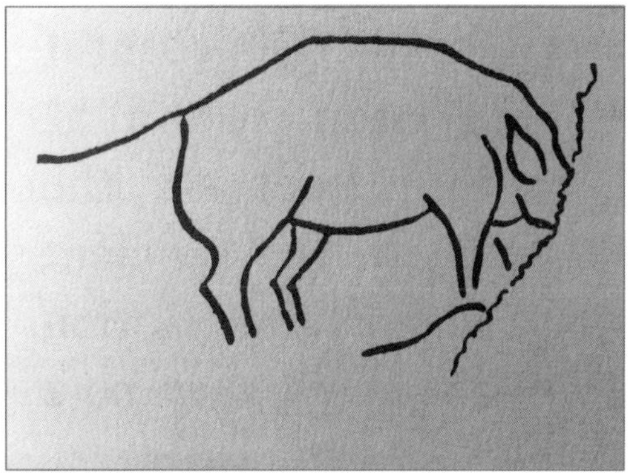

Diese Zeichnung fertigte Francke um 1900 an. Offensichtlich handelt es sich um das gleiche Felsbild.

Auf diesem stark beschädigten Stein erkennt man Reste einer alten Inschrift sowie die sehr präzise Darstellung eines Tieres im Umriss-Stil, dessen Kopf größtenteils fehlt. Dennoch kann man unschwer ein Schwein (tib. *phag pa*) erkennen. Das Schwein steht im tibetischen Kulturkreis einerseits für Verblendung, ist aber auch direkt mit Gottheiten und somit mit dem Weg zur Erleuchtung verbunden.[21]

Dieses Bild hat Francke schon um 1900 gezeichnet. Der Stein war demnach damals schon beschädigt.[22] Francke datiert das Bild in die Periode der dardischen Herrschaft, was ich aber bezweifle. Die naturalistische Darstellung würde ich aufgrund von Vergleichen mit Wandmalereien in Klöstern eher ins 16. bis 18. Jahrhundert datieren.

Das ausdrucksvolle Tier mit bitriangulärem Körper fanden wir im Oasengebiet von Khalsi. Der fast schon megalithische Charakter ladakhischer Oasen verlieh dem Felsbild ein archaisches Aussehen. Die Gravur dürfte jedoch kaum älter als 300 Jahre sein (vgl. Abb. S. 77 oben links).

[20] Vgl. *„Schmuck aus dem Himalaja"*, S. 256, Abb. 212.
[21] Vgl. *„Schmuck aus dem Himalaja"*, S. 58.
[22] Francke in *„Ladakh, the Mysterious Land"*, S. 35.

Der tanzende (?) Mensch im Linienstil befand sich nahe Khalsi (ca. 36 x 24 cm). Eine Kopfbedeckung mit Hörnerbesatz (?) und übergroße Hände weisen die Figur als herausragendes Wesen aus. Es könnte sich um einen Schamanen handeln. Das Felsbild zeigte nur eine geringe Repatinierung und war nicht tief graviert. Vermutlich war es nicht sehr alt. Es repräsentierte jedoch einen archaischen Stil. Uralte Vorstellungen und Formen haben sich in Ladakh teilweise bis in unsere Tage fast unverändert erhalten. Kein Wunder in einem Land, in dem der Schamanismus noch heute lebendig ist (vgl. S. 127).

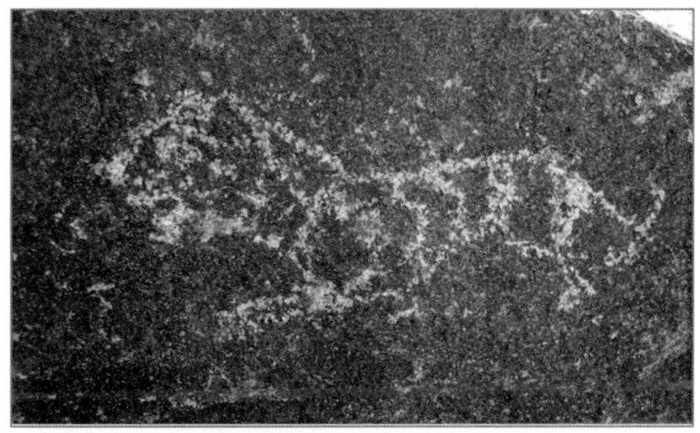

Diese primitive Felsgravur stellt offensichtlich einen Tiger (tib. *stag*) dar. Er symbolisiert Macht und Herrschaft, weswegen im tibetischen Kulturkreis Tigerfelle und Tigerteppiche als Sitzgelegenheit für weltliche und geistige Herrscher verwendet wurden.[23] Die Repatinierung des Bildes war schwach. Auch der Stil der Darstellung wies auf ein geringes Alter von höchstens 200 Jahren hin. Vergleiche mit Malereien in Klöstern legen diese Vermutung nahe.

Ein weiterer Tiger erscheint, schwach sichtbar, auf diesem Bild. Auch in diesem Fall ist aufgrund des Stils und der fehlenden Repatinierung ein geringes Alter anzunehmen.

[23] Vgl. „*Schmuck aus dem Himalaja*", S. 56.

Der Körper des Steinbocks mit bitriangulärem Körper ist von Punkten umgeben. Zwei Punkte erscheinen auf seinem Körper. Darüber erscheint ein unregelmäßiges Fünfeck. Zwar können wir das Bild nicht deuten. Es könnte sich jedoch um eine besondere Form der Jagdmagie handeln. Das Alter des Bildes dürfte relativ gering sein.

Ein Bildstein mit jagdmagischen Motiven aus verschiedenen Jahrhunderten bewacht das Steilufer des Indus.

Das Thema der Bilder ist nicht spektakulär. Der Felsblock lässt jedoch erahnen, dass die alten Petroglyphen „magische Landmarken" für die Jäger vergangener Perioden gewesen sind.

Ein weiteres Bild können wir etwas präziser deuten, denn Francke hat es um 1900 ebenfalls gezeichnet.[24] Deshalb wissen wir, dass es sich um die Darstellung eines stattlichen Tieres gehandelt haben muss (ca. 35 x 23 cm), das vermutlich mit einer großen Decke geschmückt war. Auf ihm saßen ursprünglich zwei Menschen, die inzwischen durch einen Frostaufbruch größtenteils zerstört worden sind (vgl. S. 79).

Ein vergleichbares Bild habe ich nie wieder gefunden. Es war fast nicht repatiniert und folglich nicht sehr alt.

[24] Vgl. Francke in *„Ladakh, the Mysterious Land"*, S. 33.

Als Francke um 1900 dieses Felsbild zeichnete, war es noch deutlich besser erhalten.

Aus dem benachbarten Indien kennen wir die Sitte, für Prozessionen Rinder, Pferde, Kamele und Elefanten mit prachtvollen Tüchern zu schmücken.

Das Felsbild sieht einem mit Zierdecken geschmückten Rind am ähnlichsten.

EIN BEDEUTENDER BILDSTEIN BEI NURLA

Vgl. Abb. 70–80

Der Felsbildkomplex von Nurla[25] liegt westlich der Oasengärten in Richtung Khalsi. Er beherbergt wichtige und alte Petroglyphen. Offensichtlich spielte der Abschnitt des Industales zwischen Alchi/Saspol und Khalsi, in dessen ungefährer Mitte Nurla liegt, eine bedeutende Rolle als Karawanenweg und strategischer Bereich. In diesem Gebiet ist das oft wilde, schluchtartige Industal gut passierbar.

Folgt man jedoch den wichtigsten Siedlungen nördlich dieses Gebietes, so stößt man auf einen uralten Karawanenweg, der von Khalsi über Tingmogang,[26] Hemis Shukpachan, Yang-Thang und Likir nach Osten führt. Obwohl dieser Weg eine größere Bedeutung gehabt zu haben scheint als der südlichere Pfad entlang des Flusses, fanden wir bislang in diesem Bereich keine Bildstellen. So könnte der Grund für die zahlreichen Felsbilder nahe Alchi/Saspol, Nurla und Khalsi auf die alten Herrschaftsbereiche der Festungen von Saspol und Khalsi zurückzuführen sein.

[25] Nurla wird gelegentlich auch Nyural geschrieben. Anm. d. Verf.

[26] Tingmogang wird gelegentlich auch Themisgang genannt. Anm. d. Verf.

Erwähnenswert erscheint mir auch noch eine einige Kilometer westlich von Nurla liegende Burgruine auf steilem Fels hoch über der Schlucht des Indus, die Francke als „Zollhaus von Balukar" bezeichnete.[27] Alle erwähnten Burgruinen haben dardische und teilweise sogar noch ältere Mauerreste aufzuweisen, was eine sehr lange und vielgestaltige Besiedlungsgeschichte beweist. Auch nahe der Ruine von Balukar fanden wir einige unbedeutende Felsbilder.

Bei Nurla haben sich Gravuren aus vielen Perioden erhalten, wie man anhand zahlreicher Übergravuren, verschiedener Stile und unterschiedlicher Repatinierungen erkennen konnte.

Die ganz große Überraschung war jedoch ein riesiger Felsblock, auf dem außerordentlich komplexe Motive sehr hohen Alters dargestellt waren (vgl. Abb. 70–80).

Leider waren große Teile der Bilder durch Frostaufbrüche völlig zerstört. Der 1981 noch erhaltene Rest dieses eindrucksvollen Bildsteins war immer noch sehr aufschlussreich. Zur möglichst umfassenden Darstellung der damals noch vorhandenen Petroglyphen müssen Bilder in Farbe und Schwarzweißaufnahmen gezeigt werden.

[27] Vgl. Francke in „*Ladakh, the Mysterious Land*", S. 53.

Abgesehen von einigen jüngeren Übergravuren und offensichtlichen Ergänzungen aus späterer Zeit, stammen alle wichtigen Bilder mit großer Wahrscheinlichkeit aus einer Periode, wie die Einheitlichkeit von Stil und Repatinierung vermuten lassen. Auf den ersten Blick war der Felsblock von einem unübersehbaren Wust von Tieren im Linienstil überzogen. Eine große Faszination ging von der archaischen Komposition aus.

Bei genauerer Betrachtung erkannte man Übergangsformen zum flächigen Stil. Abgebildet waren zahlreiche Wildtiere, offensichtlich Ziegen und Steinböcke. Dazwischen erschienen Reiter auf Pferden und stehende Menschen.

Auf der linken Hälfte des Felsblocks sah man ein trächtiges Muttertier, das durch ein Gehörn von ungewöhnlicher Größe und Form als wichtiges Wesen ausgewiesen wurde. Eventuell handelte es sich um ein heiliges Tier oder um eine in einem Tierkörper erscheinende Göttin. Vor diesem Wesen stand ein Mensch in ehrfürchtig grüßender Haltung.[28] Das war die einzige Darstellung eines schwangeren Tieres, die wir unter all den vielen Felsbildern in Ladakh bisher finden konnten (vgl. Abb. 80).

[28] Die zur Stirn erhobene rechte Hand ist ein in Asien oft verwendeter Grußgestus.

Ein weiteres Tier, auf dem ein Mann mit einer undefinierbaren Waffe ritt, schien von überragender Bedeutung zu sein. Das durch einen großen Penis als männlich ausgewiesene Tier zeichnete sich durch ein gewaltiges Gehörn aus, dass, sich zweimal überkreuzend, bis zum oberen Bereich des Felsblocks reichte. Zwischen den Hörnern erschien eine winzige Menschenfigur. Um diese wichtigen Details sichtbar zu machen, ist es wiederum notwendig, verschieden belichtete Bilder zu zeigen.

Über dem Reiter dieses herausragenden Tieres erkennt man ein seltsames, längliches Gebilde. Es stellt eventuell eine stilisierte Wolke dar.

Es ist nicht auszuschließen, dass es sich bei dem Reittier mit den gewaltigen Hörnern um ein Pferd handelte, dass einen Kopfschmuck mit riesigen Hörnern trug. In Zentralasien wurden für Pferde monumentale Zierrate dieser Art gelegentlich verwendet.[29] Um das Gehörn, das fotografisch nur eingeschränkt darzustellen war, vollständig zu zeigen, betrachten wir die Zeichnung zu Nurla (vgl. S. 81).

Auch einige andere Tiere auf diesem Stein zeichneten sich durch ungewöhnliche Hörner aus. Aber die beherrschende Stellung kam zweifellos dem männlichen Tier mit dem riesigen Gehörn und dem Muttertier zu. Vermutlich handelte es sich bei den Darstellungen um die Verehrung von heiligen Tieren, eventuell sogar von Wesen in göttlichem Rang, die man um Fruchtbarkeit der Wildtiere für eine gute Jagd bitten musste. Dem Reiter des heiligen Tieres kam sicher auch eine bedeutende Stellung zu.

Interessant war eine Reihe von vier Menschen, die sich an den Händen hielten und vermutlich tanzten. Reihentänze sind bis heute in Ladakh üblich. Eine dieser Figuren ist sicher erst vor kurzer Zeit in den Stein gehämmert worden.

Vgl. Abb. 125

[29] Für diesen Hinweis danke ich dem Archäologen Ma. Johannes Litzel, Halle/Saale.

Es handelte sich um eine bewusst angebrachte Ergänzung.

Einige sehr schlampig gefertigte Tiere im Umriss-Stil, zwei davon mit bitriangulärem Körper, sowie ein stilisierter Mensch wurden mit Sicherheit erst viel später in den Fels geschlagen.

Eine Überlagerungsstelle konnte genau studiert werden (vgl. Abb. 76).

Die ikonografisch komplexen Gravuren im Linienstil waren sehr tief. Sie wiesen eine starke Repatinierung auf und waren sicher sehr alt. Eine Entstehung noch in der vorbuddhistischen Periode, also vor dem 8. Jahrhundert n. Chr.,[30] ist wahrscheinlich.

Sehr ausdrucksvoll in seiner extremen Stilisierung war ein Pferd auf der Oberseite des Felsblocks.

Das ausdrucksvolle Pferd (ca. 50 x 34 cm) befand sich auf der Oberseite des großen Kultsteins von Nurla (vgl. Abb. 79).

Leider sind große Teile des fantastischen Steins durch Frostaufbrüche zerstört worden.

An einer Stelle erkannte man noch schemenhafte Reste der alten Bilder auf dem Trägergestein, obwohl der Wüstenlack dort schon abgeplatzt war. Selbst diese Frostaufbrüche gaben uns noch einen tieferen Einblick in die lange Geschichte des Steins. An einigen Stellen hatte man versucht, den Bilderzyklus etwas dilettantisch zu ergänzen. Das bedeutet, dass der Stein vermutlich bis in die jüngste Vergangenheit eine Stätte von kultischer Bedeutung für die Einheimischen war.

Vgl. Abb. 78

[30] Die vorbuddhistische Periode liegt im tibetischen Kulturkreis vor dem 8. Jahrhundert n. Chr., wenngleich in manchen Gebieten Ladakhs der Buddhismus auch schon früher bekannt war. Anm. d. Verf.

Der alte Bilderzyklus war sicher das Werk eines oder mehrerer eingeweihter Künstler. Die jüngeren Gravuren dürften jedoch das Ergebnis der Frömmigkeit von Laien sein, die das alte Felsheiligtum wieder mit ihren Bildern ehren wollten. Die bewusste Erweiterung des alten Bildes beweist, dass es sich nicht um ein respektloses überkritzeln mit modernen Bildern handelt wie etwa am Burgberg von Mulbekh.

Vgl. auch zwei Abb. S. 84

Tiere im Linienstil aus verschiedenen Zeithorizonten sowie geometrische Figuren sehr hohen Alters sind auf diesem Stein nahe Nurla zu sehen. Manche Tiere tragen Reiter, andere Lasten.

Die geometrischen Formen auf diesem Stein bestehen aus sehr tief eingeschlagenen Punkten. Eventuell steht die Idee von Mandalas hinter den Darstellungen. Diese Gravuren sind deutlich älter als die helleren Tiere und Reiter im Linienstil.

Auf dem Bild S. 84 erkennt man auch einen kleinen Kuppelbau auf fünf Stelzen. Dabei könnte es sich um ein islamisches Heiligengrab handeln. Dieser Teil der Petroglyphen ist deutlich jünger als die ältesten Gravuren auf diesem Stein.

Die rätselhafte geometrische Form und der Steinbock davor stammen vermutlich aus dem gleichen Zeithorizonth. Das Tier rechts daneben wurde wahrscheinlich erst vor wenigen Jahren in den Fels geritzt (s. Abb. rechts).

Zwei miteinander kämpfende Männer sind auf diesem Stein in Nurla zu sehen. Sie bekämpfen sich anscheinend mit Bögen. Die extrem langen Pfeile könnten magische Linien darstellen. Einer der Männer wurde mit einem riesigen Phallus oder einem herabhängenden Schurz abgebildet. Die tiefen, stark repatinierten Gravuren im Linienstil lassen ein sehr hohes Alter vermuten. Die helleren Gravuren über den Kämpfern wurden sicher erst sehr viel später angefertigt (s. Abb. S. 86).

Die beiden Kämpfer auf dem Felsblock in der Oase von Nurla (s. S. 85).

Dieses Tier mit bitriangulärem Körper wurde ungewöhnlich sorgfältig ausgeführt. Es wies jedoch kaum Repatinierung auf und dürfte nicht sehr alt sein.

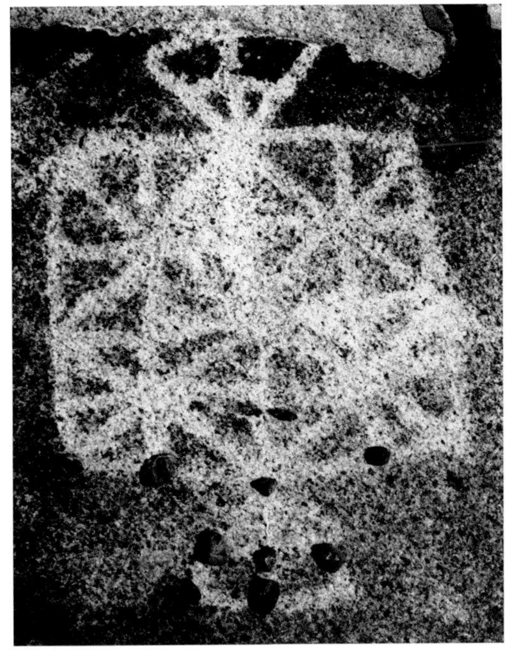

Ein mit einem langen Mantel bekleideter Mensch hebt mit seiner rechten Hand ein rechteckiges Objekt in die Höhe. Lange Mäntel aus dickem Wollstoff sind auch heute noch ein wichtiges Element der ladakhischen Trachten von Männern und Frauen. Eine weitere Figur, ein bitriangiläres Objekt und eine Ziege vervollständigen das Bild. Eine Deutung und eine ungefähre Datierung der Darstellung wären reine Spekulation.

Vgl. Abb. 143

Man verwendet Felsgravuren gelegentlich heute noch. Dieses Spielbrett nahe Nurla dürfte schon lange Zeit existieren (es maß ca. 29 x 42 cm). Vorbeiziehende Menschen hatten es vor unserem Besuch wieder benützt. Wir fanden noch Steinchen in Spielanordnung auf der Gravur.

DIE PETROGLYPHEN AUF DER UFERTERRASSE DES INDUS GEGENÜBER VON SASPOL, ENTLANG DES WEGES NACH ALCHI

Der Stein der „tanzenden Krieger" dürfte im frühen Mittelalter entstanden sein (vgl. S. 89–92).

Dieses Felsbildareal zählt zu den bedeutendsten in Ladakh. Eine Vielzahl von Chörten, Darstellungen von Jagd und Jagdmagie sowie frühe Kultbauten und antike Inschriften aus verschiedenen Perioden waren zu finden. Die meisten Petroglyphen fanden wir im Bereich oberhalb der ehemaligen Brücke, nahe von Resten

der alten Burg (lokaler Name *mkhar-'gog* „Festungsruine“[31]). Auch in der Nähe der neuen Brücke fanden wir Bildsteine.

Die alte Brücke, von der 1981 nur noch spärliche Reste der Fundamente existierten, dürfen wir uns ähnlich wie die alte Brücke von Khalatse als Kragbrücke vorstellen. Sie bestand vielleicht schon während der Periode des tibetischen Großreichs, ganz sicher jedoch seit der Periode der Namgyal-Dynastie.[32] Wie so oft in Ladakh konzentrierten sich zahlreiche Petroglyphen auch hier in der Nähe eines wichtigen Flussübergangs und einer alten Festung. Dazu kam noch die Nähe des bedeutenden Klosters Alchi Choskor.

Historisch interessant ist der „Stein der tanzenden Krieger“.

Nahe der neuen Brücke über den Indus bei Alchi fanden wir einen mächtigen Felsblock, der sein Geheimnis, nämlich rätselhafte, nur noch schwach erkennbare Petroglyphen, erst nach sorgfältigem Studium preisgab. In primitiver Schlagsteintechnik sind auf ihm mehrere Menschen, Tiere und ein Chörten dargestellt worden. Vermutlich stammten die Bilder der Menschen und des Chörten aus dem gleichen Zeithorizont. Das legten die gleiche Farbe des Wüstenlacks und die einheitliche Art der Gravuren nahe.

Außerdem war eine nach rechts drehende Svastika auf dem Stein zu finden. Die handwerkliche Qualität der Gravuren war primitiv. Dennoch erschien uns nach eingehender Betrachtung diese kleine, auf den ersten Blick unbedeutende Bildergalerie sehr interessant. Bedauerlicherweise waren die alten Gravuren schon stark verwittert und nur noch sehr schlecht zu erkennen, weswegen sie in mehreren Bildern gezeigt werden müssen.

Vor allem die dynamisch dargestellten Menschen haben nur wenige Parallelen in der Felsbildkunst Ladakhs. Es handelte sich offensichtlich um tanzende oder angreifende Krieger. Das legten ihre Waffen nahe, die Schwertern (tib. *ral-gri*), Säbeln oder Keulen ähnelten. Das sind für die Jagd ungeeignete Kriegswaffen.

Ein Mensch mit sehr großen Fäusten und einem riesigen Haupt stand auf einem rätselhaften, gebogenen Objekt. Vielleicht stellte diese gebogene Linie eines jener runden Boote aus einem Holzgestell mit Lederbespannung dar, wie sie gelegentlich heute noch in Tibet zum Überqueren von Flüssen verwendet werden. Zwei seltsame Gebilde neben dem „Bootsfahrer“ ähnelten antiken Öllampen. Darunter wurde sehr schwach ein mehrfach unterteiltes Quadrat sichtbar. Das könnte ein Mandala darstellen (vgl. Abb. S. 90 oben rechts).

Ein anderer Mann trug einen Rock, aus dem sein Phallus (?) ragte (vgl. Abb. S. 90 oben links).

Vgl. Abb. 19–20

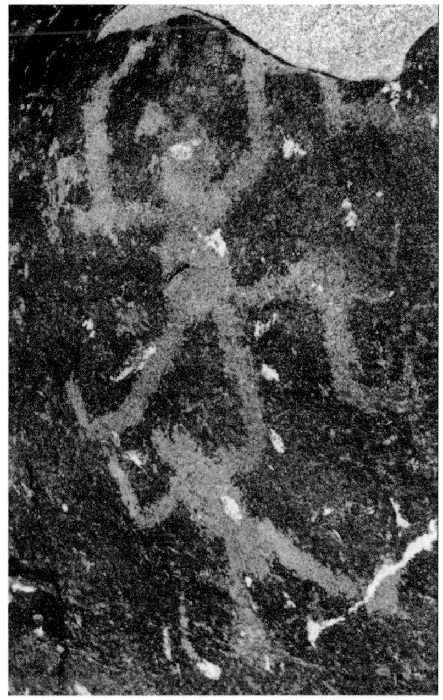

[31] Snellgrove & Skorupski in *„The Cultural Heritage of Ladakh“*, Vol., 2 S. 155.

[32] Die alte Brücke von Alchi wurde von König Senge Namgyal (1590–1620) erbaut. Vgl. Francke in *„Ladakh, the Mysterious Land“*, S. 100.

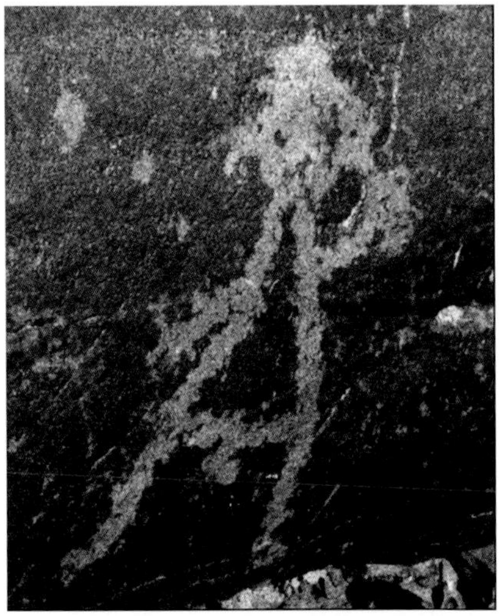

Ein Krieger tanzte vor einem Chörten und schwang ein Schwert über seinem Haupt. Der Chörten ähnelte trotz der groben Gravurtechnik einigen anderen Chörten im Felsbildareal von Alchi (Abb. links).

Ein anderer Mann hielt einen länglichen Gegenstand in seiner rechten Hand. Darunter erschien ein Rechteck, eventuell ein Schild. Da in seiner linken Hand extrem schwach ein weiterer Stab (?) zu erkennen war, könnte es sich auch um eine Trommel handeln (Abb. S. 91 oben rechts).

Maße zu den Zeichnungen:
1 24 x 21 cm
2 22 x 22 cm
3 20 x 18 cm
4 22 x 18 cm
5 19 x 17 cm
6 21 x 13 cm

Weitere Krieger schwangen ihre Waffen, tanzten oder griffen unsichtbare Gegner an. Jedenfalls erkannten wir keine direkte Konfrontation zweier oder mehrerer Kämpfer. Die Zeichnungen verdeutlichen die Details der Bilder.

Der Chörten erlaubt uns als einziges Element auf diesem Bildstein eine vage Datierung der Bilder. Vermutlich entstanden sie im frühen Mittelalter, eventuell sogar noch unter der Herrschaft der Nachkommen der Yarlung-Könige. Sie könnten ein frühes Zeugnis der Kämpfe zwischen den eindringenden Tibetern und den alten dardischen Herren des Landes sein.

Nach dem Tod Langdarmas, des letzten Großkönigs der Yarlung-Dynastie, im Jahr 842 zerbrach das tibetische Großreich. Ein Nachkomme der Familie, Kyi-de-Nyi-ma-gön, floh um 900 wegen heftiger dynastischer Zwistigkeiten aus Zentraltibet und gründete in Westtibet sein eigenes Reich. Schon bald eroberten seine Truppen Ladakh, Zanskar und Spiti. Die indoarischen Fürsten der Darden wurden aus weiten Teilen des Landes verdrängt. Ab dieser Zeit lebten Tibeter und Indoarier in Ladakh zusammen und verschmolzen zum heutigen Volk der Ladakhis. Die tibetisch-buddhistische Kultur wurde dominant. Eine bis heute sichtbare Auswirkung dieser Geschichte ist auch in den Volksgruppen der „Niederen" (*rigs-nan*) zu sehen (vgl. S. 123). Vielleicht gewährt uns das Felsbild nahe der Indusbrücke tatsächlich einen winzig kleinen Einblick in das dramatische Geschehen in jenen längst vergangenen Tagen.

Eine eindrucksvolle Jagdszene (ca. 123 x 97 cm) ist auf dem Stein Abb. 81 zu sehen. Ein Jäger mit Pfeil und Bogen, umgeben von vier Steinböcken, ist darauf im flächigen Stil abgebildet. Er verwendet einen Langbogen. Bemerkenswert ist der obere Abschluss des Bogens. Er besteht aus zwei nebeneinander liegenden, abgerundeten Dreiecken (vgl. Zeichnung links).

Alle Steinböcke sind mit großen Phalli dargestellt worden. Die Verwitterung, die Repatinierung und der Stil belegen ein sehr hohes Alter des Bildes. Eine Entstehung im 1. Jahrtausend v. Chr. ist sehr wahrscheinlich. Es könnte sich folglich um ein Werk der Mon handeln. Allerdings sind schon seit der Bronzezeit immer wieder Nomaden aus Innerasien durch Ladakh gezogen. Das ergaben diverse archäologische Grabungen. Das genaue Alter dieses wuchtigen Zeugen einer frühen Kultur werden wir vermutlich nie erfahren. Sicher ist nur, dass das kleine, primitiv gearbeitete Tier über dem Jäger erst viel später hinzugefügt wurde.

Der Geröllblock auf Abb. 82 weist ringsum Petroglyphen auf. Zahlreiche Bergziegen aus verschiedenen Perioden und zwei Jäger mit Pfeil und Bogen wurden auf dem Stein abgebildet. Es ist nur einer unten rechts im Bild sichtbar. Er verwendet einen Langbogen, wie auch die Bogenschützen im heutigen Ladakh. Die Gravur des Jägers ist etwas heller als die Tiere, auf die er zielt. Vermutlich wurde er erst später in das alte Felsbild eingefügt.

Vgl. Abb. 132

Einige der Tiere auf diesem Stein dürften sehr alt sein, wie ihre stärkere Repatinierung nahelegt. Sie wirken steif und blöckisch und sind wahrscheinlich etwas jünger als die Tiere auf Abb. 81.

Außerdem kann man klar verschiedene Zeithorizonte entdecken. Der flächige Stil und der Umriss-Stil sowie Übergangsformen zwischen beiden sind zu erkennen. Vermutlich wurden die Tiere im Verlauf mehrerer Jahrhunderte in diesen eindrucksvollen Felsblock gehämmert.

Über die Tierbilder hat man erst in jüngerer Vergangenheit ausgesprochen primitive Chörten gemeißelt, was offensichtlich nicht das Werk eines geschulten Künstlers war. Es bleibt die Frage offen, ob derjenige, der die Chörten fertigte, den alten Stein der „Heiden" magisch entkräften wollte, oder ob er, angezogen von der Magie einer längst vergangenen Epoche, seine Chörten auf dem Werk der Vorväter verewigen wollte? Beide Varianten sind möglich. Was die zweite Variante anbelangt, so fand ich auf vielen alten Bildsteinen Übergravuren, oft auch von gleicher Thematik. Anscheinend störte das den Gestaltungssinn der Künstler nicht im geringsten. Es kam ihnen eindeutig nur auf die Abbildung, nicht aber auf ihre „künstlerische Wirkung" an. Übergravuren wie auf diesem Stein wurden vermutlich ganz bewusst hergestellt, denn der Schöpfer der Chörten hätte seine Werke ohne weiteres auf unzähligen anderen, noch leeren Geröllblöcken in unmittelbarer Nähe dieses Steins verewigen können.

Der Stein auf Abb. 83 ist bemerkenswert gestaltet worden. Links neben einem Chörten erkennen wir einen Schriftzug in einem mir unbekannten, alten Alphabet. Rechts neben dem Chörten erkennt man zwei Wildtiere, wohl Ziegen, die von einem Jäger mit Pfeil und Bogen verfolgt werden. Der Jäger ist zwar nicht beritten, verwendet aber dennoch eine typische Reiterwaffe, nämlich einen Reflexbogen.

Vgl. Abb. 52–53

Obwohl der Pfeil des Jägers noch auf der Sehne liegt, wurde eine Linie durch die Körper der zwei Tiere gezeichnet, die wohl ihre Tötung magisch begünstigen oder ankündigen sollte. Das kleine Tier, das sich den Wildziegen entgegenstellt, dürfte ein Jagdhund sein.

Der Chörten, die Schrift und die Jagdszene könnten durchaus zeitgleich entstanden sein. Dafür spricht nicht nur eine gleichstarke Repatinierung der Gravuren, sondern auch die Darstellung der vordersten Ziege, die mit den Vorderbeinen versucht, den Chörten zu erklimmen. Das wirkt, als würde sie dort Schutz suchen. Wir dürfen davon ausgehen, dass die gesamte Darstellung ungefähr im Mittelalter entstanden ist, denn Chörten dieses Typs wurden vom 10.–ca. 13. Jahrhundert erbaut.[33]

Es wäre auch möglich, dass man mit dem Bild ein Symbol für das Prinzip des Nicht-Verletzens (sanskrit *ahimsa*) darstellen wollte. Der Chörten gewährt vom Tode bedrohten Wesen Schutz. Damit läge möglicherweise eine geistige Verbindung zu den Legenden von Buddhas zahlreichen Existenzen (sanskrit *jataka*) vor. Der Erleuchtete hatte in den Inkarnationen vor seinem Leben als Buddha, vielen Lebewesen in Todesnot geholfen.

Vgl. Abb. 84–85

Auch der folgende Stein muss in zwei Bildern und einer Zeichnung dargestellt werden, denn er weist eine reichhaltige Symbolik auf.

[33] Vgl. Chörten von Tholing aus dem 10.–11. Jh. in „*Westhimalaya – Am Rand der bewohnbaren Erde*“, S. 220–221.

Archaisch anmutende tibetische Schriftzeichen überziehen den Felsblock. Einfach gestaltete Tiere im Linienstil und im Umriss-Stil sind zu sehen. Ungewöhnlich ist die Art, wie der Jäger dargestellt wurde. Sein Körper wurde im Umriss-Stil abgebildet. Eine Linie, vermutlich die Wirbelsäule, verläuft deutlich sichtbar durch seinen Körper. Sie endet direkt in seinem Penis (?). Sein Kopf ist ungewöhnlich klein. Die Spitze seines Pfeils berührt ein winziges Tier. Links- und rechtsdrehende Hakenkreuze[34] kann man ebenfalls auf dem Felsblock entdecken. Zwischen einem Rechteck und einer Inschrift (?) steht, ausgeführt im flächigen Stil, eine Ziege, auf deren Kopf ein Gebilde wie ein kleiner Baum zu sehen ist. Vielleicht ist der Weltenbaum der Bönpo auf dem Haupt eines heiligen Tieres dargestellt worden (vgl. auch Zeichnung S. 94).

Dieses Felsbild ist vermutlich sehr alt und wäre somit ein seltenes Beispiel eines frühen Umriss-Stils. Die Felsbildstelle nahe Alchi wurde von Snellgrove und Skorupski 1980 zum ersten Mal publiziert. Aufgrund der Inschriften schlugen sie eine Datierung des Steins ins 8.–9. Jahrhundert vor.[35] Das wäre die Periode des tibetischen Großreichs, das nach der Unterwerfung des Reiches von Zhang-zhung auch weite Teile Ladakhs kontrollierte.

Es war dringend notwendig, diesen Bildstein fotografisch zu erfassen, denn ein großer Teil der alten Petroglyphen ist durch abgeplatzte Partien des Wüstenlacks für immer zerstört worden. Vermutlich wird die endgültige Vernichtung der Bilder schon in wenigen Jahren abgeschlossen sein. Ist die Zerstörung schon so weit fortgeschritten, lassen sich weitere Frostaufbrüche nur in geschlossenen Räumen verhindern. Ein Museum für ladakhische Felsbilder wäre ideal. Erste Anzeichen für die Verwirklichung dieser Idee gibt es inzwischen in Leh und Taroo.

Es würde den Rahmen dieser Publikation bei weitem sprengen, würden wir hier alle Felsbilder entlang des Weges nach Alchi zeigen. Deshalb stelle ich nur die künstlerisch und ikonografisch wichtigsten Bilder vor. Sieht man von den Bildsteinen auf Abb. 81 und 84 ab, sind auf der Mehrzahl der Felsbilder Chörten dargestellt. Snellgrove und Skorupski haben einige dieser Bildsteine publiziert und einige der Inschriften übersetzt.[36] Überwiegend handelt es sich um Namen von Personen, die sich hier verewigten.

Die sorgfältige Ausführung der meisten Gravuren und der Stil der Chörten legen eine Entstehung dieser Bilder im frühen oder hohen Mittelalter (ca. 7.bis 13. Jahrhundert) nahe. Viele der Chörten sind stilistisch mit dem Chörten auf einer Wandmalerei im nahen Choskor-Kloster verwandt (vgl. Abb. 51). Dieses bedeutende Kloster hat die gesamte Region nachhaltig beeinflusst.

[34] Das Hakenkreuz (sanskrit *svastika*, tib. *gyung-drung*) gilt in Indien und Tibet als Glückssymbol. Vgl. „*Westhimalaya – Am Rand der bewohnbaren Erde*“, S. 21.

[35] Snellgrove & Skorupski in „*The Cultural Heritage of Ladakh*“, Vol., 2 S. 155–163.

[36] Vgl. „*The Cultural Heritage of Ladakh*“, Vol., 2 S. 155 f.

Es ist naheliegend, dass viele der Petroglyphen von Mönchen des Klosters im Mittelalter angefertigt wurden. Vielleicht wurden sie sogar von Pilgern als frommes Werk bei den Mönchen in Auftrag gegeben. Man kann natürlich auch nicht ausschließen, dass Mönche in späteren Perioden weitere Chörten im alten Stil in die Geröllblöcke graviert haben. Wir zeigen möglichst viele dieser interessanten Zeugen ladakhischer Geschichte, denn zahlreiche der alten Bildsteine existieren heute nicht mehr. Einige Bilder mit alten Inschriften können auf diesem Wege für zukünftige Forschungen erhalten werden.

Mehrere tibetische Inschriften, Chörten und ein Pferd bedecken diesen eindrucksvollen Bildstein (vgl. Abb. 86).[37]

Der Stein auf Abb. 87 zeigt eine Reihe von drei Chörten auf einem Podest mit Lotossockel.

Es könnte sich um die Symbole der Bodhisattvas Avalokiteshvara, Manjushri und Vajrapani handeln. Von den Spitzen der Chörten flattern Banner. Links neben den Chörten erscheint eine tibetische Inschrift.

Rechts neben den Chörten ist ein weiterer einzelner Chörten im gleichen Stil abgebildet worden.

[37] Snellgrove & Skorupski in „*The Cultural Heritage of Ladakh*", Vol., 2 S. 159.

Unter den Chörten sieht man zwei Vögel, die an einem Lotosblatt picken, das stilistisch zu dem Lotossockel der Chörten passt. Der Stein ist ringsum mit Chörten verziert worden. Vermutlich wurden die sorgfältig ausgeführten Bilder auf diesem Steinblock von mehreren kundigen Mönchen angefertigt. Stilistische Vergleiche mit Wandmalereien im nahen Choskor-Kloster lassen mich die Chörten und die Vögel etwa ins 10.–13. Jahrhundert datieren. Nur die kleine Opferwasservase (tib. *bumpa*) neben den Vögeln ist nicht so alt. Das beweist die etwas geringere Repatinierung.

Vgl. Abb. 87

Auch die etwas schlichteren Chörten, die auf der Rückseite dieses imposanten Bildsteins dargestellt wurden, könnten etwas jünger sein als die anderen Chörten.

Die vier Ansichten des Felsblocks von Abb. 87 zeigen, dass der Stein ringsum mit Chörten verziert wurde.

Vgl. Abb. 88–91

Die Chörten auf Abb. 88 bis 91 sind ebenfalls schöne Beispiele der mittelalterlichen Felsbildkunst nahe Alchi. Es fällt auf, dass die Chörten alle in einem ähnlichen Stil gestaltet wurden. Das erschwert die präzise Datierung der einzelnen Bilder, denn es wäre gut möglich, dass diese Art von Chörten über lange Zeit hinweg immer ähnlich gestaltet werden musste. Diese Bilder erlauben das Studium kleiner stilistischer Unterschiede und diverser Inschriften. Nähere Informationen S. 104–105.

Die Reihe von fünf mittelalterlichen Chörten wurde nie fertiggestellt.

Vgl. Abb. 88

Besonders schöne Chörten mit Inschriften bedecken den wuchtigen Bildstein auf Abb. 89 und Abb. 90.

Auf seiner linken Seite erscheinen weitere fünf mittelalterliche Chörten und eine Inschrift. Auf diesem Bild kann man die Inschrift im Detail betrachten.

Dieser prächtige Bildstein könnte schon beim nächsten Hochwasser in den Indus gerissen werden, denn der direkt unter ihm vorbeiströmende Fluss hat im Laufe der Jahrhunderte weite Teile der Uferböschung unterhöhlt und weggespült (vgl. S. 101).

Diese beiden Bildsteine zeigen einmal mehr, wie wichtig es ist, möglichst viele der alten Petroglyphen in Ladakh zu dokumentieren. Wir erkennen auf den Bildern drei Feinde der steinernen Zeugen, nämlich Frostaufbrüche, mutwillige Zerstörung und den Indus. Der Bildstein im Vordergrund wurde 1980 während des Baus der Straße nach Alchi von Arbeitern zerteilt (vgl. S. 63).

Auf den beiden Chörten oben kann man Augen erkennen. Das ist eine Personifikation von Chörten (sanskrit *Stupa*), wie sie z. B. in Nepal auf den berühmten Stupas von Svojambhunath und Bodhnath zu sehen ist.

Das Tier im Sockel des Chörten links oben ist ungewöhnlich. Die Art der Gravur und eine etwas geringere Repatinierung legen die Vermutung nahe, dass es erst nach dem Chörten angebracht wurde.

Auf dem Stein auf Abb. 92[38] wurden ein Chörten und drei primitiv gestaltete Löwen oder Tiger abgebildet. Außerdem sieht man unter einer der Raubkatzen einen Mann mit großen Händen und der deutlichen Darstellung seines Penis.

Die Raubkatzen sind vermutlich nicht sehr alt. Sie könnten ohne weiteres erst im 18./19. Jahrhundert angefertigt worden sein. Vergleiche mit späten Malereien in Klöstern legen diese Vermutung nahe. Auch der Stil des Chörten unterscheidet sich von den zahlreichen mittelalterlichen Chörten im Felsbildareal von Alchi. Er könnte zeitgleich mit den Raubkatzen entstanden sein.

Auf dem Weg nach Alchi lag ein eindrucksvolles Felsbild (Maße ca. 41 x 55 cm) hoch über dem Indus. Ein unbekanntes Bauwerk und ein Mensch mit erhobenen Armen waren auf ihm abgebildet (vgl. S. 103 oben). Es handelte sich um eine

[38] Francke hat dieses Felsbild im 19. Jahrhundert auch gezeichnet, vgl. „*Ladakh, the Mysterious Land*" S. 35.

primitive Gravur. Die Repatinierung war gering. Dennoch war die Wirkung des Bildsteins beachtlich.

Westlich von Alchi, auf der Uferterrasse über dem Indus, fanden wir dieses schlichte Felsbild. Die Bergziegen sind mit einem Schlagstein besonders tief in die Oberfläche des Steins gehämmert worden. Die Repatinierung der Gravur war stark und das Bild folglich sehr alt. Es könnte in der dardischen Periode entstanden sein.

Rätselhaft ist diese Darstellung. Links erscheint ein unbekanntes geometrisches Gebilde. Daneben ringelt sich eine winzige Schlange (?). Es folgen eine Ziege und ein Tier, das mit einem Ball zu spielen scheint (Maße ca. 67 x 18 cm).

Insgesamt betrachtet ist der Felsbildkomplex nahe Alchi eine sehr eindrucksvolle Bildergalerie inmitten einer wilden Landschaft. Vom ersten Jahrtausend v. Chr. bis in unsere Tage haben Menschen hier ihre Botschaften in die Felsblöcke gemeißelt. Auffallend ist die häufig auftretende hohe Qualität der Bilder. Wildziegen und Steinböcke sind gelegentlich zu erkennen, was eine Entstehung solcher Bilder während der dardischen Besiedlungsperiode wahrscheinlich macht. Andere Bilder sind offensichtlich erst später angefertigt worden. Es wird einmal mehr deutlich, dass Jagdkulte und Jagdmagie weit über die dardische Periode hinaus Bestand hatten. Auffallend ist die häufige Darstellung des männlichen Geschlechts bei Tieren.

Die ungezählten Chörten, die im Felsbildareal von Alchi zu finden sind, wurden ebenfalls in verschiedenen Perioden angefertigt. Zwar dürften die meisten Chörten zwischen dem 10. und 13. Jahrhundert entstanden sein, möglicherweise wurden die ersten jedoch schon während der Periode des tibetischen Großreichs im 8. und 9. Jahrhundert angefertigt.

Genauso wenig kann man ausschließen, dass der alte Stil den Menschen so wichtig war, dass auch noch in der Periode der Namgyal-Könige Petroglyphen in diesem Stil gestaltet wurden.

In ihrer Gesamtheit sind die Steine mit Chörten ein eindrucksvolles, ästhetisches Zeugnis buddhistischer Frömmigkeit. Sie sind überwiegend in einem ähnlichen Stil gestaltet worden, aber die natürlichen Formen der Felsblöcke und ihre Einbettung in eine ungewöhnlich schöne Landschaft verhindern, dass das Gefühl von Monotonie aufkommt.

EIN WICHTIGER KULTPLATZ NAHE DES EINÖDHOFS TSCHILUNGTSE

Vgl. Abb. 94–97

Diese Felsbildstelle ist eine der bedeutendsten in Ladakh. Mehrere Bildsteine konnten gefunden werden. Fast alle Gravuren waren sehr tief und stark mit Wüstenlack bedeckt. Folglich handelte es sich um sehr alte Bilder. Die Gruppe von Petroglyphen zwischen Alchi und Tschilungtse ist jedoch stilistisch und ikonografisch gänzlich anders als das westlich von Alchi gelegene Felsbildareal.

Der eindrucksvollste Bildstein war ein monumentaler Steinblock auf der Uferterrasse über dem Indus. Der Felsblock hatte fast schon den Charakter eines Altars für kultische Handlungen. Er ist bestens geeignet, den Charakter des Felsbildareals von Tschilungtse vorzustellen.

Gesamtansicht von Süden. Im Hintergrund strömt der Indus. Die Zerstörung des Steins war 1982 insbesondere auf seiner Südseite schon sehr weit fortgeschritten.

Das Tier mit den sechs Hörnern in Nahaufnahme.

Auf ihm waren komplexe Bilder von eindeutig kultischem Charakter zu sehen. Um die vielgestaltige Ikonografie darzustellen, müssen mehrere Bilder gezeigt werden. Leider wies auch dieser bedeutende Zeuge der frühen Geschichte Ladakhs schon sehr starke Beschädigungen auf, was seine fotografische Erfassung zur dringlichen Aufgabe machte.

Auf seiner Westseite erschien nur ein Horntier (ca. 16 x 19 cm) mit sechs Beinen und einem erigierten Penis. Von den gebogenen Hörnern des Tieres ragten sechs Linien nach oben. Dieses Wesen schien der kultische Schlüssel zu dem gesamten Felsblock zu sein. Vermutlich hat man es deshalb ganz alleine auf einer Seite abgebildet. Eventuell handelte es sich um ein Tier in göttlichem Rang.

Auf der Südseite des Felsblocks waren einige Reiter zu sehen (Maße ca. 71 x 76 cm). Es dürften früher viel mehr gewesen sein. Leider war dieser Teil der Bilder nur noch fragmentarisch erhalten.

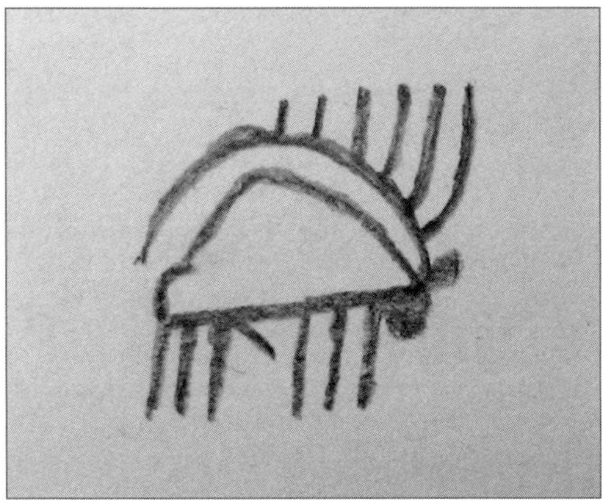

Die Südseite des Felsblocks zeigte schwere Zerstörungen durch Frostaufbrüche. Es waren nur noch wenige Reiter auf Pferden zu sehen. Links im Bild erkennt man schwach das Tier mit den sechs Hörnern.

Die Oberseite des Steins wies ein ungewöhnlich vielgestaltiges Bild auf. Zahlreiche Wildtiere und Jäger wurden dort abgebildet.

Herausragend war die korpulente Figur eines Mannes mit einer auffälligen Haartracht, die in zehn Zacken nach oben ragte und wie ein Stern wirkte (vgl. S. 107).

Draufsicht auf den großen Stein von Tschilungtse. In diesem Bild wird erstmals der Altar-Charakter des Steins sichtbar.

Der Jäger mit dem Tarnschild (?), im Hintergrund der Indus.

Der Penis des Mannes ist deutlich sichtbar dargestellt worden. Er trug einen Bogen mit aufgelegtem Pfeil in seiner rechten Hand und ein seltsames Objekt in seiner linken.

Dabei könnte es sich um einen Tarnschild für die Jagd handeln. Tarnschilde aus einem Holzrahmen, über den Textil gespannt war, fand ich noch 1974 bei Jägern in der Provinz Bamiyan in Afghanistan, die damit auf Entenjagd gingen. Solche oft bunt bemalte Tarnschilde waren in Zentralasien weit verbreitet.

Ein Dolch oder Schwert ragte von der linken Körperseite des Mannes hervor, was darauf hindeutete, dass der Jäger als Rechtshänder gedacht war.

Offensichtlich war dieser Mann von herausragender kultischer Bedeutung für den Schöpfer des Felsbildes. Links von ihm wurde ein hagerer Mann mit deutlich ausgeprägtem Penis sichtbar. Auch er hielt einen Bogen mit aufgelegtem Pfeil in seiner rechten Hand und zielte damit auf einen Steinbock.

Im Gewirr der Tiere erschien noch ein weiterer, sehr dünner Mann, der ebenfalls eine Haarfrisur mit mehreren Zacken hatte. Sein Penis war ungewöhnlich groß. Er hielt allerdings keine Waffen, sondern ergriff ein männliches Wildtier mit gebogenen Hörnern mit seiner linken Hand.

Der hagere Jäger, der das Beutetier mit seiner linken Hand ergreift.

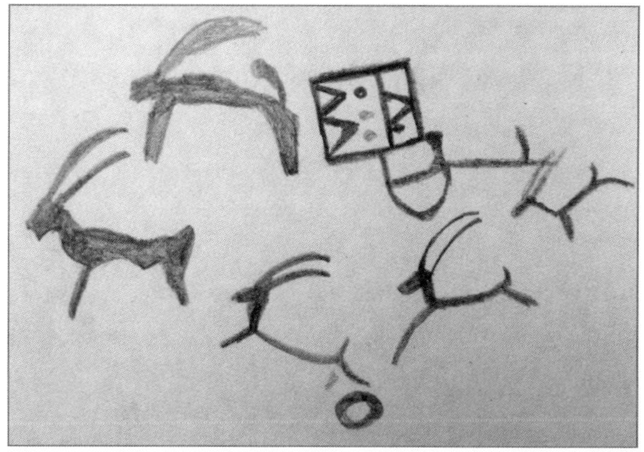

Ungefähr im Zentrum des Felsbildes, oberhalb des korpulenten Mannes, wurde eine zunächst verwirrende Ansammlung von Linien sichtbar. Eine Zeichnung davon zeigt bei sorgfältiger Betrachtung wiederum einen „Tarnschild" und darunter eine liegende Figur. Handelt es sich um einen anschleichenden Jäger hinter einem Tarnschild?

Dieser mächtige Bildstein gibt uns einige Rätsel auf. Sein jagdmagischer Charakter ist offenkundig. Der Tarnschild belegt eventuell eine Verbindung der Schöpfer der Gravuren nach Turkestan oder in das Gebiet, das wir heute Afghanistan nennen. Im Westhimalaya sind mir solche Tarnschilde im Original bisher noch nie begegnet, was jedoch nicht bedeutet, dass es dort nie welche gab.

In Anbetracht des archaisch wirkenden Linienstils, der starken Repatinierung der meisten Gravuren und wegen der Ikonografie ist ein hohes Alter dieses Felsbildes anzunehmen. Es könnte noch in den ersten Jahrhunderten unserer Zeitrechnung oder sogar noch im ausgehenden 1. Jahrtausend v. Chr. entstanden sein. Offensichtlich ist es das Werk von kundigen Spezialisten, keinesfalls jedoch die flüchtige Gravur von Jägern.

BEDEUTENDE PETROGLYPHEN ZWISCHEN FIANG UND TAROO

Entlang der Piste zwischen der Abzweigung zum Fiang-Gompa[39] und der Abzweigung zum Dorf Taroo erstreckt sich eine weite, leicht ansteigende Steinwüste. Dort sah ich schon 1981 im Vorbeifahren einen großen, gravierten Stein. Am 31. Mai 1982 verwirklichten wir unseren Plan, das gewaltige Geröllfeld zu untersuchen. Sehr zur Verwunderung von Fahrer und Reisenden verließen wir den Linienbus mitten in der Wüste und begannen unser Werk in der lebensfeindlichen Einöde. Es wurde ein ganz ungewöhnlicher Erfolg, denn wir fanden eine sehr bedeutende Felsbildstätte.

Der „Sonnenstein" von Taroo

Vgl. Abb. 98–101

Das Felsbildareal zwischen Fiang und Taroo war umfangreich. Einer der Bildsteine war jedoch sensationell. Zwar konnte man die Bilder auf ihm nur noch schemenhaft erkennen, weswegen ihre fotografische Erfassung extrem schwierig war. Zur möglichst präzisen Darstellung der Bilder sind wiederum verschiedene Aufnahmen unerlässlich.

[39] Fiang wird gelegentlich auch Phyiang geschrieben. Anm. d. Verf.

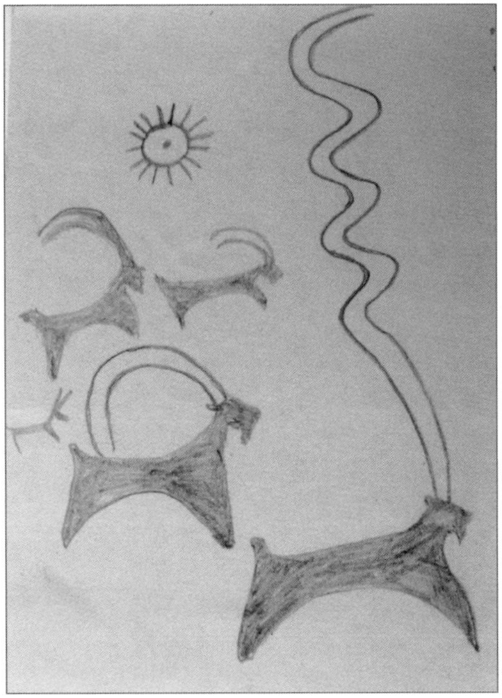

Vgl. Abb. 102

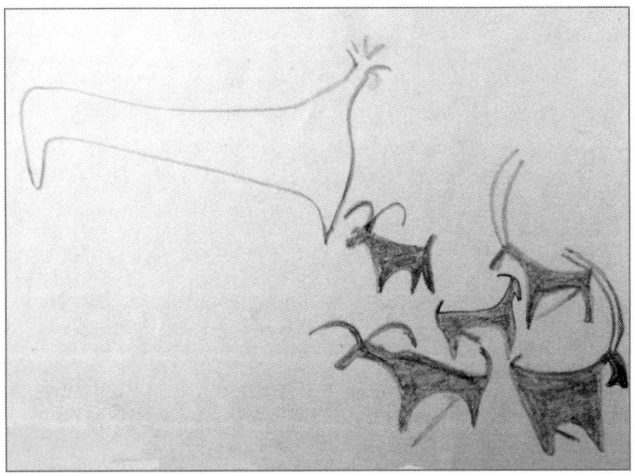

Den stattlichen Felsblock (ca. 415 x 375 cm) nannten wir „Sonnenstein". Die dicke Schicht von braunem Wüstenlack ging zum leicht erhöhten Zentrum des Steins in Orange bis Hellgelb über. Vermutlich haben starke Winde im Verlauf von Jahrhunderten den Wüstenlack an der höchsten Stelle des Steins mit Flugsand abgeschliffen, bis die jetzige Färbung entstand. Genau in dieser hellen Stelle erschien eine Sonne mit 16 Strahlen. Daneben schlängelten sich zwei parallel verlaufende Linien über den Stein, die das gewaltige Gehörn eines prächtigen Tieres darstellten. Der Leib des Tieres war im flächigen Stil ausgeführt worden und wies eine intensive Repatinierung auf.

Vermutlich stellte dieses ungewöhnliche Wesen ein Tier in göttlichem Rang dar. „Göttliche" oder „übernatürliche" Wesen mit riesigen Hörnern waren auch bei Nurla zu sehen (vgl. Abb. 70). Weitere sehr schöne Tierdarstellungen im flächigen Stil überzogen den Stein und formten ein Bild von großer Geschlossenheit und wuchtiger Ausstrahlung.

Der archaische Stil der abgebildeten Tiere und ihre starke Patinierung legten die Vermutung nahe, dass das Felsbild im 1. Jahrtausend v. Chr. von einem eingeweihten Meister angefertigt worden ist.

Drei primitiv gestaltete Tiere von weißer Farbe belegten, dass auch in jüngster Vergangenheit Bilder auf den alten Kultstein gemeißelt wurden.

Ein weiteres, sehr frühes Felsbild zeigte ein nicht identifizierbares Tier im Umriss-Stil. Unter ihm tummelten sich einige Horntiere im flächigen Stil. Leider waren die Tiere nur noch schemenhaft zu erkennen. Das große Tier im Umriss-Stil hatte nur einen Hals und keinen Kopf, wies aber eine seltsame „Haarfrisur" auf, die vermutlich erst später angebracht worden ist. Das legte die deutlich hellere Farbe dieses Teils der Gravur nahe. Die Umrisslinien seines Körpers wiesen die gleiche Färbung der Repatinierung auf, wie die der Tiere im flächigen Stil. Folglich dürften sie aus dem gleichen, sehr frühen Zeithorizont stammen. Eine Entstehung noch im 1. Jahrtausend vor Chr. halte ich aus stilistischen Gründen für wahrscheinlich. Vielleicht wurde das Wesen im Umriss-Stil nie fertiggestellt. Die nur noch schemenhaft erkennbaren anderen Wildtiere waren ganz sicher sehr alt.

Einige Bilder bei Taroo wiesen einen sehr frühen, flächigen Stil auf. Die stilistische Verwandtschaft zum Felsbild auf Abb. 81 in Alchi war frappierend. Ähnlich qualitätsvolle und komplexe Petroglyphen habe ich bislang östlich von Taroo noch nicht gefunden. Es würde mich allerdings wundern, wenn die Schöpfer dieser Bilder nicht bis in das fruchtbare, breite Industal zwischen Spithug und Thiksey vorgedrungen wären, das man von Taroo aus in der Ferne liegen sieht. Man müsste folglich auch Beispiele dieses eindrucksvollen Felsbildstils östlich von Taroo finden.

Im weitläufigen Felsbildareal von Taroo entdeckten wir zahlreiche, sehr sorgfältig aufgeschichtete Steinsetzungen in rechteckiger und quadratischer Form von ca. 1 Meter Höhe. Der Sinn dieser seltsamen Gebilde war uns völlig unverständlich.

Auf großen, flachen Felsblöcken am Rand der Felsbildstelle fanden wir außerdem Anhäufungen von Kieselsteinen. Auch hier blieben uns Sinn und Zweck verborgen. Ebenfalls rätselhaft war ein tief ausgehöhlter Mörser aus Stein, in welchem außer Sand, den der Wind in die Mulde geblasen hatte, auch noch der Reibestein lag. Solche Mörser sind manchmal sehr groß und meistens sehr alt. Man findet sie gelegentlich in Dörfern, wo sie oft heute noch verwendet werden, um Getreide oder Kerne von Ölfrüchten zu zerstoßen und zu zerreiben.

Vgl. Abb. 103

Diesen Mörser mit Stößel aus Stein fanden wir im Felsbildareal von Taroo. Möglicherweise wurden darin farbige Steine zerstoßen, um Kulthandlungen an bedeutenden Bildsteinen, wie etwa dem „Sonnenstein“, durchzuführen.

Zwar war der Mörser bei den Petroglyphen von Taroo viel kleiner als die meisten Mörser in den Dörfern, er dürfte aber dennoch weit über 100 Kilo gewogen haben. Vermutlich ist in der weiten Steinwüste bei Taroo noch nie Ackerbau betrieben worden. Weder ein ehemaliges, heute trockenes Bachbett, noch die Reste von Feldern oder einer alten Siedlung waren zu erkennen. Folglich hätte es nie die Notwendigkeit gegeben, einen solchen Gegenstand hier aufzustellen, denn man würde sicher nicht einen langen Fußmarsch in Kauf nehmen, um Feldfrüchte in einem Gerät zu zerkleinern, das man ebenso gut direkt neben seinem Haus aufstellen könnte.

Was hat man dann mit dem unhandlichen Steinmörser in der unmittelbaren Nähe von Felsbildern gemacht, die sich weit entfernt von der nächsten Siedlung befinden? Wir wissen es nicht!

Vielleicht hat man in ihm jedoch farbige Steine zu Farbpulver zerrieben, welches man für kultische Handlungen an den „heiligen Bildern" benötigte. Solche Kulthandlungen hätten, falls sie jemals durchgeführt wurden, vor sehr langer Zeit stattgefunden. Folglich kann man heute mit bloßem Auge keine Farbreste mehr erkennen. Möglicherweise könnte eine Untersuchung in einem Labor diese Frage beantworten.

Die Vermutung, vor langer Zeit seien Kulthandlungen mit Pulver aus zerstoßenen Farbsteinen an Petroglyphen durchgeführt worden, hat indessen sehr gute Chancen, richtig zu sein. In Indien und in Tibet sieht man nämlich in der Darstellung einer Gottheit, eines heiligen Wesens oder einer als magisch wirksam erachteten Form keineswegs nur ein Symbol. Vielmehr werden die Abbilder des Heiligen als vitaler Sitz der heilbringenden Kraft angesehen. Das wird besonders im Amulettwesen Indiens und Tibets deutlich: Die Darstellung einer Gottheit auf einem Amulett schützt prinzipiell nicht. Die Gottheit muss erst durch eine Zeremonie zum Wohnen in ihrem Abbild eingeladen werden.[40] Der Maler, der eine tibetische Thanka malt, oder der Künstler, der eine Kultfigur fertigt, kann nicht bewirken, dass das Abbild der Gottheit segensreich auf den Betrachter wirkt. Dazu bedarf es des kundigen Priesters, der die Gottheiten auf den Abbildern zum „Leben erweckt". Spätestens beim Ritus der „Augenöffnung" ist auch Farbe mit im Spiel.

Es muss jedoch zwischen zwei Arten des Einsatzes von Farbe unterschieden werden: Die ikonografische Bemalung einer Kultfigur und das Aktivieren segensreicher Kräfte durch den Einsatz von Farbe. Solche Aktivierungen haben Züge eines Opfers und geschehen immer dann, wenn ein heiliges Objekt besonders verehrt wird. Warum sollten Menschen, die sich von einem bedeutenden Wesen auf einem Felsbild Hilfe erhofften, dieses Bild nicht durch bestimmte Riten unter Zuhilfenahme von Farben „magisch aktiviert" haben? Ich halte das nicht für abwegig, denn bis heute ist es in Indien und im Westhimalaya weit verbreiteter Brauch, ein orangerotes Farbpulver (*sindhûr*) mit Milch zu vermischen und Kultfiguren von Gottheiten

Vgl. Abb. 34

[40] Vgl. „*Kavachha – Amulette der Hindus Indiens*", 1.–3. Auflage, S. 8 u. 3. Auflage S. 178.

oder heilige Objekte[41] damit zu bestreichen.[42] Der Einfluss der indischen Hochkultur auf den Westhimalaya ist sicher viel älter als der Einfluss Tibets.

Vgl. Abb. 153

Es muss in diesem Zusammenhang erwähnt werden, dass wir sowohl im Gebiet um Khalsi (Khalatse) als auch bei Nurla ähnliche Steinmörser nahe bei den Felsbildern gefunden haben.

Weitere Felsbilder

Viele der alten Petroglyphen waren nur noch schwach zu erkennen und deshalb fotografisch nicht mehr zu erfassen. Deshalb zeichneten wir diese Bilder sorgfältig ab. Einige der interessantesten stelle ich hier vor.

1 Im Tal oberhalb von Stakmo fanden wir diese Sonne mit 13 Strahlen (Zahlensymbolik?). Ob der Punkt im Zentrum der Sonne mit dem Punkt auf dem Körper des Tiers in einem symbolischen Zusammenhang stand, bleibt eine offene, aber interessante Frage. Die Sonne auf Abb. 101 wies ebenfalls einen Punkt in ihrem Zentrum auf.

2 Dieses eindrucksvolle Tier fanden wir ebenfalls nahe Stakmo. Die extreme Repatinierung legte ein sehr hohes Alter nahe.

3 Diese Detailzeichnungen von Felsbildern im Gebiet von Khalsi belegen die Vielfalt der Darstellungen. Die starke Repatinierung ließ ein hohes Alter der Bilder vermuten. Eine Entstehung in der dardischen Periode erscheint mir wahrscheinlich.

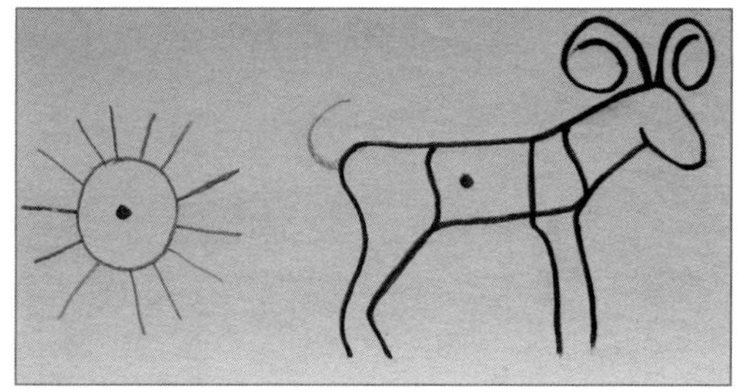

1 Ca. 45 x 23,5 cm.

2 Ca. 22 x 21,5 cm.

3 Links oben: Ca. 21 x 8 cm. Links unten: Ca. 16,5 x 11 cm. Oben: Ca. 12 x 8,5 cm / 13 x 9,5 cm / 13,5 x 6,5 cm.

[41] Vgl. *„Westhimalaya – Am Rand der bewohnbaren Erde"*. S. 174.
[42] Vgl. *„Kavachha - Amulette der Hindus Indiens"*, 3. erweiterte Auflage, S. 8, S. 10 u. S. 151.

4

5

4 Weitere Lha-to's und primitive Tiere erscheinen auf diesem Stein westlich von Alchi (ca. 40 x 43 cm). Bei dem Tier mit dem nach vorne gebogenen Horn und der seltsamen Gestaltung des Rückens könnte es sich um ein Packtier mit einer Last handeln (ca. 37 x 27 cm).

5 Im Feslbildareal westlich von Alchi fanden wir das Horntier vor der Schlange (ca. 57 x 41 cm) sowie das stilisierte Bauwerk, das vermutlich einen Lhat-tho, auf dem ein Weltenbaum-Symbol steckt, darstellte (vgl. S. 33) (ca. 27 x 21 cm).

6 In einer Schlucht nördlich von Saspol fanden wir dieses in einem sehr ungewöhnlichen Umriss-Stil ausgeführte Tier (ca. 45 x 61 cm). Es war sehr stark repatiniert und vermutlich sehr alt. Ein vergleichbares Felsbild fanden wir in Ladakh nicht. Eine gewisse Verwandtschaft mit dem zentralasiatischen Tierstil lässt eine Datierung des Bildes ins 1. Jahrtausend v. Chr. zu.

7 Auch das untere Tier in dieser Gruppe (ca. 25 x 34 cm) wies Elemente des zentralasiatischen Tierstils auf. Eine unterschiedliche Repatinierung bewies, dass das untere Tier wesentlich älter war als die anderen. Der Bildstein befand sich nahe der Brücken von Khalsi.

8 Diese Gruppe von Tieren und einem Reiter (ca. 67 x 53 cm) fanden wir südlich von Leh. Die unterschiedliche Repatinierung der Tiere bewies, dass der Stein über viele Jahrhunderte hinweg als Bildträger verwendet worden ist. Bemerkenswert war der Reiter auf dem Tier mit den riesigen Hörnern. Möglicherweise lag dem Bild die gleiche Idee zugrunde wie die der Darstellung auf Abb. 75 (vgl. auch S. 82). Der offensichtlich sehr frühe Umriss-Stil stellte eine Verwandtschaft zum Tier auf Abb. 102 her.

6

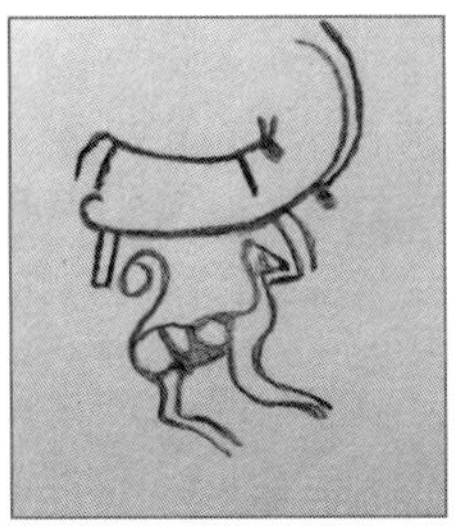

7

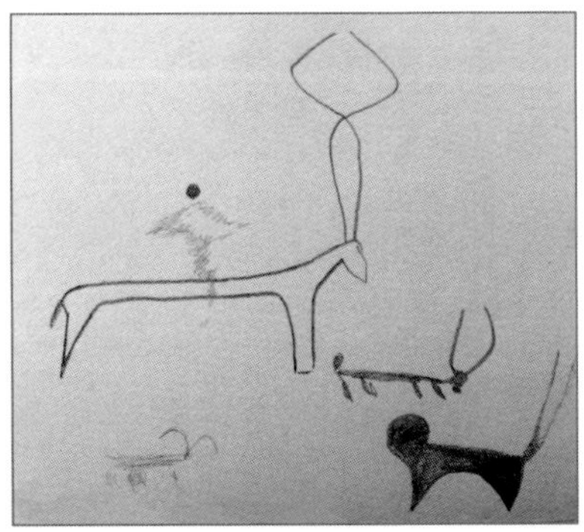

8

9 Südlich von Sabu fanden wir diese beiden Vögel (ca. 56 x 35 cm). Darstellungen von Vögeln waren auf den Bildsteinen in Ladakh sehr selten.

10 Diese Ansammlung von Zeichen, einem Tier, einem Jäger und einem seltsamen Lebewesen (ca. 92 x 105 cm), fanden wir ebenfalls südlich der Oase von Sabu. Die Bilder waren stark repatiniert und folglich sehr alt. Das ungewöhnliche Wesen im Umriss-Stil erinnerte mich an einen Kentaur.

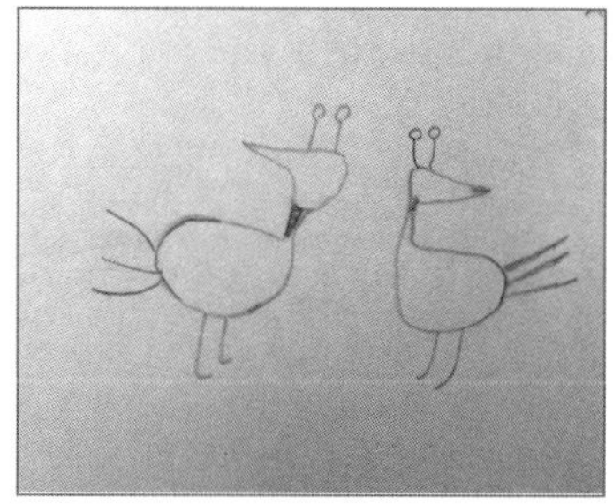

9

10

Unseren kleinen Ausflug in die Welt der Petroglyphen beenden wir mit Abb. 104. Der darauf abgebildete Bildstein liegt im oberen Stagmo-Tal. Nach einem Fußmarsch von ca. 1 bis 2 Stunden erreichten wir einen großen Felsblock, der wohl schon Jahrhunderte als Bildstelle gedient hatte. Zahlreiche Wildtiere, vor allem Wildziegen und Bergschafe, überzogen den mächtigen Felsblock. Dazwischen konnte man sehr schwach berittene Jäger ausmachen (im Bild nicht zu sehen). Die Tiere wurden im flächigen Stil und in einem Mischstil zwischen flächigem Stil und Linienstil angefertigt. Einzeln betrachtet waren sie von mäßiger künstlerischer Qualität. Die Gesamtwirkung des alten Felsen war jedoch sehr eindrucksvoll.

DIE PILGERREISE DURCH DEN LEIB DER MUTTER ERDE

Während unserer Suche nach Petroglyphen im Wakha-Tal wurden wir völlig unerwartet Zeugen einer höchst ungewöhnlichen Wallfahrt. Dieses spektakuläre Ereignis gewährte uns einen tiefen Einblick in die religiösen Gefühle der Ladakhis. Zwar fanden wir auf unserem langen Marsch kein einziges Felsbild, aber wir lernten einen anderen Umgang der Bergbewohner mit Felsen kennen. Um das komplexe Geschehen während dieser eindrucksvollen Pilgerreise möglichst präzise zu schildern, gebe ich den originalen Wortlaut meiner Tagebucheintragung wieder.

Vgl. Abb. 23

Die Ereignisse am 30. Juni 1982 hatten schon lange ihre Schatten vorausgeworfen. In Kargil hatten wir von einem heiligen Ort in den Bergen bei Shergol gehört. Von den Ladakhis würde der Ort hoch verehrt, wurde uns berichtet. Westlichen Reisenden sei er aber fast gänzlich unbekannt. Urgyen Dzong („Festung des Urgyen") sei sein Name. Folglich musste dieses verborgene Heiligtum dem Guru Padmasambhava (tib.: Urgyen)[43] geweiht sein.

Vgl. Abb. 22

Von zwei Mitbewohnern im Teehaus in Mulbekh hatten wir erfahren, dass heute das große Fest zu Ehren des Urgyen stattfinden soll. Während der heutigen puja, würden die Thangkas dem Volk zur Verehrung zur Schau gestellt. Deshalb waren also gestern Abend große Scharen von Pilgern aus dem östlichen Ladakh kommend, betend am riesigen Felsrelief des Maitreya vorbeigezogen, um in Richtung der südlichen Bergkette zu verschwinden.

Das konnten wir uns nicht entgehen lassen. Gegen 5.00 Uhr brachen wir mit einigen Pilgern auf, um den verborgenen Ort des Guru Rinpoche („der kostbare Guru)", wie Padmasambhava in Tibet auch genannt wird, zu besuchen.

Vgl. Abb. 6

Wir folgten den Pilgern in Richtung Shergol. Der Weg überquerte den Fluss und führte dann steil hinauf ins Gebirge. Mehrere Stunden erklommen wir auf einem schmalen, halsbrecherischen Pfad beachtliche Höhen. Immer wenn wir dachten, der Pass sein nun endlich erreicht, taten sich vor uns weit entfernte Höhenzüge auf. Endlich, nach über drei Stunden zügigem Fußmarsch, kam der große Moment: Vor uns lag ein Talkessel, umgeben von schroffen, bizarr geformten Bergen und Schluchten. Zwei kleine Tempel und ein altes Haus standen auf einem Hügel in der Mitte des Hochtales. Das ganze Tal war erfüllt von geschäftiger Atmosphäre. Überall lagerten Gruppen von Pilgern unter vereinzelten Buschgruppen. Andere Pilgerströme ergossen sich von den nördlichen Bergeshöhen über steile Pfade ins Tal. Als wir den Ort des Geschehens erreichten, sahen wir auch einen

[43] Urgyen (manchmal auch Urgyän geschrieben) leitet sich von Oddiyana ab. Aus Oddiyana, dem alten Gandhara im heutigen Pakistan, kam Guru Padmasambhava, „der Lotosgeborene" nach Tibet.

Tanzplatz, der unter einer Gruppe von riesigen, sehr alten Shukpachan-Bäumen angelegt war. In der nördlichen Felswand wurde ein Höhlenheiligtum sichtbar. Es stellte sich heraus, dass es zu einem sehr langen, weit verzweigten System von zusammenhängenden, natürlichen Höhlen gehörte. Diese Höhlen waren der Hauptanziehungspunkt für die Pilger beiderlei Geschlechts. Also stiegen auch wir zu ihnen hinauf.

Vgl. Abb. 105–109

In der ersten, größeren Höhle befanden sich zwei Opfersteine, auf denen Butter geopfert wurde. Zwei alte Chörten von schöner, schlichter Form standen in geheimnisvoll wirkenden, düsteren Felsnischen. Über einer Opferstätte befand sich als einzige figürliche Darstellung ein mittelalterliches Marmor-Relief des Buddha Shakyamuni. Spärliches Licht schimmerte von einigen Butterlampen, verlor sich aber im mystischen Dunkel.

Immer mehr Frauen und Männer drängten sich in der Höhle. Nach einem kurzen Gebet vor den Chörten begann für die Pilger der harte Teil ihrer spirituellen Reise durch den heiligen Berg, in dessen Höhlen der Guru Rinpoche vor langer Zeit meditiert haben soll. Sie entledigten sich ihrer Mäntel, die Frauen ihres Schmucks. Vor allem die stattlichen Türkishauben der Frauen (ladakhi perag)[44] *mussten abgelegt werden. Freunde und Verwandte brachten die abgelegten Objekte hinaus und legten sie zu Füßen der Felswand nieder. Viele Pilgerinnen entledigten sich jedoch schon vor dem Aufstieg in die Felswand ihres Schmucks. Einige alte Menschen, meist Frauen, bewachten dort die Habseligkeiten der verschwundenen Pilger. Nie zuvor und nie wieder danach habe ich eine Wiese gesehen, die über und über mit peragS belegt war. Ein wahres Pflaster aus unzähligen Türkisen!*

Aber was geschah mit den in der Höhle Verbliebenen? Die verschwanden alle auf ihrem Bauche kriechend in einem engen, tiefschwarzen „Höllenschlund". Für uns war hier die Reise in den Berg zu Ende. Mit unseren voluminösen Kamera-Ausrüstungen war an ein Eindringen in dieses schwarze Loch nicht zu denken, zumal hinter uns schon ungeduldig gedrängelt wurde. Ein alter Man half uns, indem er zu jüngeren Dränglern laut und deutlich sprach: „Nur auf eigenen Willen sollst Du den Weg durch den Berg wählen, jeder Andere käme zu Schaden." Ehrlich gesagt, waren wir beide froh, uns nicht in den Leib der Mutter Erde zwängen zu müssen. So verließen wir die Höhle und betrachteten das Spektakel vom sonnigen Tal aus.

Ja, man konnte ein wenig von den Vorgängen auf dieser seltsamen Pilgerreise betrachten, denn die im steinernen Leib des Berges Verschwundenen kamen

[44] Vgl. zum *perag* „*Schmuck aus dem Himalaja*", S. 110 ff.

Vgl. Abb. 110–115

mehrmals wieder ans Licht, bevor sie endgültig zurückkehrten in die sonnige Welt der Menschen. Hoch oben in der Felswand krochen sie gelegentlich aus einem schwarzen Loch, kletterten über extrem schmale, wohl nur wenige Zentimeter in der Breite messende „Pfade" im abrupt abfallenden Fels und verschwanden danach wieder in einem anderen Loch.

Uns überkam große Dankbarkeit, dass wir jetzt nicht dort oben auf die Gnade der Götter hoffen mussten. Ein Loch war so eng, dass die Menschlein nur mit Hilfe anderer Pilger hinausschlüpfen konnten. Ich wurde an Schmetterlinge erinnert, die sich aus ihrer Puppe befreien.

Offensichtlich war diese wahnwitzige Reise durch den Leib der Mutter Erde nur mit vereinten Kräften zu bewältigen. Zwei kleine Kinder wurden so aus dem Felsen „geboren". Starke Arme eines jungen Mannes, der in der fast senkrechten Felswand stand, kamen zu Hilfe. Er zog die Kinder aus dem Loch heraus, schwenkte sie frei über dem Abgrund und setzte sie vor dem nächsten Loch ab, in welchem sie sofort wieder verschwanden.

„Wer dieses gefährliche Labyrinth schnell durchqueren kann, ist ein Heiliger!" Das erklärten uns einige Pilger. Ganz sicher sei jedoch, dass all die Tollkühnen, die den Pfad durch den Berg bewältigen, enorme religiöse Verdienste anhäufen. Weit über hundert Pilgerinnen und Pilger bestanden in in wenigen Stunden die harte Prüfung im Fels, ohne dass ein Unfall geschah. Es sei auch schon viele Jahre zu keinem Unfall gekommen, erklärten uns alte Leute, die schon oft die Pilgerreise nach Urgyen Dzong unternommen hatten. Es muss ein heiliger Schutz über diesem Ort oder in den Seelen der Pilger walten. Anders kann ich mir nicht vorstellen, dass ungezählte Menschen diese Prüfung unbeschadet überstehen. Ein Sturz von der Felswand wäre wohl in den meisten Fällen tödlich gewesen, ganz sicher aber hätte er zu sehr schweren Verletzungen geführt.

Während der letzten 30 Jahre habe ich viele Reisen mit Pilgern in Indien und im Himalaya unternommen und viele sehr beschwerliche Wege auf dem Pfad zur Erleuchtung kennengelernt. Eine ähnlich gefahrvolle Reise durch einen Berg habe ich bisher nie wieder gesehen. Umso erstaunlicher war es, dass viele kleine Kinder dem Risiko eines frühen Todes ausgesetzt wurden. Das soll uns jedoch nicht verleiten, zu glauben, die Eltern seien in Ladakh besonders leichtsinnig. Keineswegs, sie sind nur tief gläubig. In Indien und im tibetischen Kulturkreis heißt glauben niemals „nicht wissen", sondern der Gläubige glaubt nicht, er weiß!

Die beiden Tempel im Tal waren neue, aber schöne, schlichte Heiligtümer. Sie wurden wohl an der Stelle älterer Bauten errichtet, denn dieser Wallfahrtsort

Vgl. Abb. 105

wird sicher schon seit vielen Jahrhunderten besucht. In einem befanden sich ein Schrein des Guru Padmasambhava sowie die kahlen Privatgemächer des Abtes von Hemis. Urgyen Dzong untersteht, wie man uns mitteilte, dem Hemis-Kloster. Hemis ist ja auch in ganz besonderem Maß mit der Verehrung des Guru Rinpoche verbunden.

Vgl. Abb. 23

Im anderen Tempel beteten einige Lamas den ganzen Tag über vor diversen Götterbildern und vor dem zornvollen Aspekt des Guru Rinpoche. Ein Berg von Opfern aus tsampa und Butter stand in der Mitte des kleinen Raumes und ließ nur wenig Platz für den gewaltigen Strom von Pilgern, der ohne Unterbrechung den ganzen Tag, Gebete murmelnd, durch den Tempel flutete.

Nahe dieses Tempels hatte man einen prächtigen Blick in eine wilde Schlucht. In den bizarren Felsformationen am Eingang des Felsentors erkennen die Gläubigen das Antlitz des Buddha und einen Chörten. Vor dieser Manifestation des Heiligen verneigten sich alle Pilger und beteten.

Vgl. Abb. 116

Trotz all der religiösen Inbrunst der vielen hundert Menschen, welche die beschwerlichen Reisen aus den weit entfernten Orten in Ladakh, Zanskar, Lahaul, Spiti und Nubra nicht gescheut hatten, war das Fest weit mehr als nur Gebet und Mühsal im steinernen Leib von Mutter Erde. Die Bewohner des Himalaya wären nicht sie selbst, wenn sie nicht ernsthafte Gebete mit weltlichen Freuden verbinden könnten. Diese gesunde Auffassung beherrschte auch das Geschehen im Tal von Urgyen Dzong.

Viele Gläubige wurden vor den Lamas zu religiösen Paten (tib. chos spun) anderer Menschen. Das sind sehr ernste, bedeutungsvolle Zeremonien. Man betete freudig und voll Hoffnung und investierte viel urtümliche Kraft und Zuversicht auf dem gefahrvollen Weg durch die Felsen.

Aber die gleiche Kraft verwendeten diese Bergbewohner, um stolz das ganze Spektrum ihrer vielgestaltigen Kultur zur Schau zu stellen. Noch nie zuvor hatte ich eine eindrucksvollere Parade von unterschiedlichen Türkishauben (perag) gesehen. Was für ein Reichtum, was für eine kraftvolle Schönheit!

Vgl. Abb. 117–120

Die Vielfalt der Armreifen, Ringe, Halsketten, Amulettbehälter (ga'u) und Ohrgehänge war nicht minder beeindruckend![45] Die Farbenpracht der Gewänder tat das ihre, die Fülle dieser Kultur zu zeigen.

Außer ihrem Schmuck und ihren üppigen Festtrachten brachten die Pilger noch viel mehr mit, nämlich ihren großen Durst, ihre Lust auf Tanz und Geselligkeit und alles, was zum Stillen dieser Bedürfnisse notwendig war. Viele der Leute waren mehrere Tage, manche sogar Wochen zu Fuß durch die unwegsamen Ber-

[45] Einen kleinen Einblick in diese Fülle gab ich in „*Schmuck aus dem Himalaja*", Graz 1988.

ge gewandert. Unmengen von Hausrat, Kochern, Töpfen, Decken und Polstern hatten die Männer über hohe Pässe geschleppt. Einige waren sogar mit Packpferden angereist. Die Frauen, meist nicht minder bepackt, trugen oft noch ein Kleinkind im Rückenkorb zur heiligen Stätte. Die Mengen der herbeigeschafften Lebensmittel, vor allem geröstetes Gerstenmehl (tsampa), Butter, Tee und die ungezählten Liter Gerstenbier (tschang) nötigten mir Hochachtung ab. Was für eine große Mühe wurde für einen einzigen festlichen Tag akzeptiert!

Aber dieser Tag war einzigartig! Während seiner kurzen Zeitspanne offenbarte sich das Heilige. Außerdem konnte sich heute die in fernen Hochtälern, während langer Monate der Monotonie eines harten Alltagslebens aufgestaute Gier nach Neuem in einer Flut der Freude auflösen.

Vgl. Abb. 122–125

Diese Entladung der Gefühle brach mit Urgewalt am Nachmittag über das heilige Tal herein. Die meisten Pilger hatten ihre Gebete beendet. Nun folgten sie dem Dröhnen der Beda-Trommeln zum Tanzplatz unter die eindrucksvollen Shukpachan-Bäume. Es dauerte nicht lange und wir saßen als die einzigen Fremden auf Ehrenplätzen, mitten im Toben des Festes, und wurden als fremdartige Wesen gebührend bestaunt. Männer begannen zu tanzen und sangen zu den aufreizenden Rhythmen der Trommeln. Bald wurden die ersten prächtig geschmückten Frauen „zwangsrekrutiert", tanzten und sangen dann aber bereitwillig mit. Die Anmut und Schönheit dieser Frauen war sehr eindrucksvoll. Trotz ihrer extrem harten Arbeit, die sie als Bäuerinnen und Hirtinnen in einem wilden und oft lebensfeindlichen Land verrichten mussten, trugen sie eine kraftvolle Weiblichkeit zur Schau. Was für ein perfekter Kontrast zu den würdigen, energiegeladenen Bewegungen der tanzenden Männer!

Das Gerstenbier „tanzte" von Anfang an mit. Das Fest wurde zu einer Zecherei von wahrhaft himalayischen Dimensionen, allerdings kein wüstes Gelage mit all den betrüblichen Begleiterscheinungen, die wir Europäer nur zu gut kennen! Nein, hier war das Trinken Ausdruck der reinen Lebensfreude, die oft so nahe der Trunkenheit steht. Selbst auf dem Höhepunkt des Rausches blieben Freude, Kraft, Herzlichkeit und Humor die tragenden Elemente des Geschehens. Keine Aggression und kein böses Wort trübten die Harmonie! Eine gewaltige Woge alkoholischer Ekstase überflutete das heilige Tal des kostbaren Gurus.

Diese Woge vertrug sich gut mit den Klängen der puja, welche die Lamas immer noch aus dem nahen Tempel erschallen ließen. Toleranz und Lebensbejahung sind die Grundpfeiler der buddhistischen Religion im Himalaya. Urgyen, der „Bonifatius" im Lande der Tibeter, war doch ein anderer Mann, als der christ-

liche Missionar, der nur kurze Zeit vor Padmasambhava die heilige Donareiche der „Heiden" fällte, um so deutlich zu machen, wer die „wahre" Religion hat. Der Lotosgeborene integrierte, formte geistig um, ohne zu zerstören. Er liebte die Toleranz und beließ dem Leben die Freude! Intoleranz war ihm wohl unbekannt, auch wenn er der Überlieferung nach Dämonen in großer Zahl unterwarf und vernichtete. So fand heute genau das richtige Fest am richtigen Platz statt.
Stundenlang tobten die Heiterkeit und die anmutige Kraft unter den alten Bäumen. Die hölzernen und silbernen Tassen, gefüllt mit tschang, kreisten ohne Unterlass. Das war wohl die ladakhische Version vom Tanz unter der Dorflinde. Es geschah in fast 4.000 Meter Höhe und war vielleicht schon deshalb gezwungen, gewaltig zu sein.

Vgl. Abb. 126–128

Überflutet von Gastfreundschaft und Herzlichkeit saßen wir mehrere Stunden zwischen unseren Gastgebern und hatten sehr viel Spaß. Der Abschied viel uns schwer. Gegen 17.00 Uhr, als die meisten der fröhlichen Zecherinnen und Zecher ihren langen Heimweg angetreten hatten, begaben auch wir uns mit einer Pilgergruppe auf den beschwerlichen Heimweg. Erst nach Einbruch der Dunkelheit und nach gut drei Stunden Marsch erreichten wir Mulbekh.

DER KAMPF GEGEN DIE ERDDÄMONEN

Während unserer Streifzüge durch das westliche Ladakh auf der Suche nach Felsbildern fanden wir manchen Hinweis auf archaische Kulte und religiöse Vorstellungen, die ihre Wurzeln in der vorbuddhistischen Periode des Landes haben. Vor einem stattlichen Gehöft entdeckten wir auf einem Holzbrett ein komplex gestaltetes *geldos*. Unter einem kleinen Baldachin aus Holzstäbchen, Fäden und weißem Stoff saß ein Reiter auf seinem Roß, beide aus *tsampa*-Teig geformt. Der Reiter war wohl ein Schutzgott (*lha*).

Ihn umgaben vier Geisterfallen sowie neun Haustiere aus *tsampa*-Teig. Weitere *tsampa*-Opfer waren zwischen den Tieren zu sehen.

Dieses bizarre Objekt ist von einem kundigen Lama angefertigt worden. Es sollte den Hof und seine Bewohner, ganz besonders auch die Haustiere vor den gefährlichen Erddämonen (ladakhi *sa bdag*) schützen. Leider konnte ich nicht ermitteln, um wen es sich bei dem Reiter handelte. Solche Auskünfte werden meistens verweigert, denn die Bewohner Ladakhs befürchten, dass die Preisgabe des Namens eines solchen Schützers Unglück bringen könnte. Ein vergleichbares Objekt habe ich

Vgl. Abb. 24–26

noch nie gesehen, weswegen ich es möglichst präzise aus verschiedenen Blickwinkeln zeige. Es wurde von den Bewohnern des Hofes *geldos* genannt.

Die Rituale zur Abwehr von Geistern mit Fallen (ladakhi *dö*, tib. *mdos*) gehen sicher noch auf religiöse Vorstellungen der vorbuddhistischen Religionen des tibetischen Kulturkreises zurück. Geisterfallen (tib. *nam-mkha'*) sind in Ladakh weit verbreitet. Sie werden hier im lokalen Dialekt auch *dö* genannt. Mit ihnen bekämpft man vor allem die bösen Erddämonen (ladakhi *sa bdag*), die auch in Leibern von Insekten inkarnieren können. Die *sa bdag* und somit auch Insekten werden sehr gefürchtet. Sie sollen Krankheiten, Missernten und Tod verursachen können.[46]

Deshalb werden unzählige Häuser in Ladakh durch Geisterfallen geschützt. Diese müssen jedoch je nach Art der Bedrohung ganz unterschiedlich angefertigt werden. Nur bestimmte kundige Lamas sind nach Ansicht der Ladakhis und Tibeter in der Lage, ein *dö* korrekt anzufertigen. Die Mönche des Klosters Tagthog, die den nicht reformierten Nying-mapa angehören, sollen besonders befähigt sein, ein *dö* anzufertigen.[47] Im Orden den Nying-mapa haben sich viele Rituale erhalten, die noch auf religiöse Praktiken aus der vorbuddhistischen Periode zurückgehen. Mit solchen *dö* werden gelegentlich auch gefährliche Bergpfade geschützt, damit die Dämonen den Reisenden keinen Schaden zufügen können.[48]

Vgl. Abb. 27–28

DAS ARGON DARZESS VON LEH

Die frühen Perioden der Geschichte Ladakhs sind bis heute noch relativ unbekannt. Deshalb ist es sehr interessant, die komplexen Strukturen der ladakhischen Gesellschaft zu studieren. Sie sind in besonders ausgeprägtem Maß ein Spiegelbild weit zurückliegender Ereignisse. Das Studium der Bräuche und Feste des Landes gewährt uns interessante Einblicke.

Sehr aufschlussreich war für mich das Fest der Bogenschützen. Da es auch mehrere interessante Hinweise auf die Petroglyphen gibt, wird es hier vorgestellt.

Die Argoni sind überwiegend muslimische Nachfahren von Kaufleuten aus Yarkand. Sie wurden, wie wir erfuhren, in früheren Tagen von den buddhistischen Bewohnern Ladakhs eher verachtet. Ein großes mongolisches Heer, dass der 5. Dalai Lama Nawang Lobsang Gyatso (1617–1682) geschickt hatte, belagerte vier Jahre die Festung von Basgo, die zwar „der göttliche Gipfel der Standhaftigkeit" genannt wurde, aber dennoch in große Bedrängnis geraten war. Der König Delegs Namgyal (1660–1685) rief in seiner Not den Mogul-Kaiser Aurangzeb zu Hilfe.

Vgl. Abb. 48–49

[46] Vgl. ausführlich *„Schmuck aus dem Himalaja"*, S. 30–37.
[47] Vgl. Brauen *„Feste in Ladakh"*, S. 120 und Abb. 58–61.
[48] Vgl. *„Westhimalaya – Am Rand der bewohnbaren Erde"*, S. 218.

Nachdem die Armee des Mogul-Kaisers Basgo 1683 von den Mongolen befreit hatte, festigte das den Einfluss der Mogule und somit der Muslime im buddhistischen Ladakh erheblich.

Der Handel wurde sicherer und der Wohlstand der Argoni nahm zu. Das schönste Beispiel der alten Kultur der Argoni in Ladakh ist die Moschee von Leh mit ihrem kostbaren Schatz von antiken Gebetsteppichen aus Ostturkestan.

Vgl. Abb. 45–47

Die Argoni wurden mehr und mehr akzeptiert und zu einem festen Bestandteil der ladakhischen Gesellschaft. Viele der muslimischen Argoni waren 1982 auf absolut toleranter Ebene mit buddhistischen Frauen verheiratet, die auch den Regeln und Riten ihrer Religion weiterhin folgen durften.

Damals zählten die Argoni zu den einflussreichsten Familien des Landes. Diesen Umständen war es zu verdanken, dass auch einige noble Buddhisten am Bogenschützenfest teilnehmen wollten und durften. Die Argoni hatten jedoch dieses Fest schon seit vier Jahren nicht mehr gefeiert. 1982 wurde die alte Tradition wieder neu belebt.

Den sozialen „Gegenpol“ zu den Argoni bildeten die Beda-Musikanten. Sie sind Nachfahren eines Volkes, das vor sehr langer Zeit über Ladakh herrschte. Die Beda werden oft als Nachkommen des Volkes der Mon bezeichnet. Die Mon waren Indoarier und stammten aus Indien oder Kaschmir.[49] Vor sehr langer Zeit herrschten sie über weite Gebiete im Westhimalaya (vgl. S. 12). Vermutlich entstanden während ihrer Herrschaft manche der alten Felsbilder.

Nachdem sie zuerst im 4. bis 5. Jahrhundert von den Darden,[50] später aber auch von Tibetern unterworfen worden waren, hatte man sie systematisch in die Schicht der Niederen (ladakhi *rigs ngan*)[51] verbannt. Man benötigt sie jedoch bei jedem Fest, egal ob profaner oder religiöser Art. Dennoch, kein „normaler“ Ladakhi würde jemals zusammen mit einem Beda (ladakhi *be da*) speisen, geschweige denn eine eheliche Verbindung mit einer Beda-Familie zulassen.

Zwar hat seine Heiligkeit der Dalai Lama während eines Besuches in Ladakh demonstrativ in einem Haus von Beda gespeist, was jedoch das traurige Los der Bettelmusikanten bis 1990 nicht merklich verbessert hatte. Somit wurde das Argon darzess von den beiden extremen Polen der ladakhischen Gesellschaft getragen.

Zu meiner Verwunderung verwendeten die Schützen, die ja Nachfahren von Menschen aus dem klassischen Gebiet der zentralasiatischen Reitervölker waren, während des Argon darzess keine Reflexbögen, sondern Langbögen. Eventuell lag das daran, dass die Yarkandi-Händler in einer Zeit in Ladakh einwanderten, als Feuerwaffen den Bogen längst abgelöst hatten und die Bögen nur noch als Erinne-

49 Vgl. Francke in „*Ladakh, the Mysterious Land*“, S. 12.
50 Vgl. Francke in „*Ladakh, the Mysterious Land*“, S. 27.
51 Vgl. Stellung der Schmiede und anderer „niederer Volksgruppen“ in „*Schmuck aus dem Himalaja*“, S. 135 ff.

rung an alte Tage verwendet wurden. Reflexbögen sind Kompositbögen, die überwiegend als Waffe von Reitervölkern in Zentralasien verwendet worden sind. Man hat sie, wie zahlreiche Felsbilder und mittelalterliche Malereien in Klöstern belegen, auch in Ladakh verwendet.

Die Eintragung in meinem Tagebuch vom 14. und 15. Juni 1982 gibt das Geschehen während des Argon darzess am besten wieder.

Vgl. Abb. 129 und **130**

10 große Trommeln (dohol) der Beda ließen den weitläufigen Festplatz vibrieren. Die Schalmeien (galing) woben ihren eindringlichen Lockruf unter das dumpfe Dröhnen. Das Argon darzess, das Fest der Bogenschützen, hatte begonnen.

Vgl. Abb. 131–136

Die Schützen gaben zwar alle ihr Bestes, aber es fehlte ihnen offensichtlich an Übung. Mit dem Treffen war es zunächst nicht weit her. Dafür gelang der Aufenthalt im prachtvollen Festzelt um so besser. Das Festzelt ähnelte den Prunkzelten, welche die adeligen Mogule auf ihren ungezählten Kriegszügen und Reisen in Indien verwendeten[52]. Lediglich die kleinen Klapptischchen (tib. tschoktsche), die reich verzierten Teekannen und die Tassen mit Silberständern kündeten von der buddhistischen Kultur Tibets.

Vgl. Abb. 137–141

Die Klänge des Festes brandeten durch das Tal bis tief in die Nacht. Zwar waren nach heftigem tschang-Genuss die Beda-Musikanten und viele Festbesucher inzwischen in „alkoholischer Verzückung". Ein Beda hing an den Spannseilen seiner Trommel wie ein gestrandeter Fisch. Aber das konnte die Stimmung nicht stören. Immer noch erfüllte der wuchtige Rhythmus der Musik den Raum des großen Festplatzes und das weite Umland. Dicht gedrängt umstanden die Zuschauer die Stätten des Geschehens und saßen bis hinauf zu den nachts nur noch schemenhaft beleuchteten Chörten in der Umgebung. Viele versuchten einen Blick in das Zelt der Argonis zu erhaschen. Zwischen dem Festzelt der Argoni, das nachts aus der Ferne wie ein grotesk geformter Lampion aussah, und dem düsteren Zelt der Beda, wurde, wenn die Schützen eine Pause einlegten, getanzt. Die langsamen, getragenen ladakhischen Volkstänze waren ebenso vertreten wie temperamentvolle, kuriose Tänze humorvollen Charakters. Viele Tänze überzeugten durch ihre Kraft, Eleganz und Pantomime. Erst gegen 1.00 Uhr morgens ebbte die Festfreude langsam ab.

Vgl. Abb. 142–145

Am 15. Juni nahm das festliche Bogenschießen seinen weiteren Verlauf. Wieder beherrschte die kraftvolle Musik der Beda, der Verachteten, das Geschehen. Tänze und sportlicher Wettkampf wechselten sich ab. Die Schützen verbesserten ihre Leistungen zusehends.

[52] Vgl. Zelt-Panele (*qanât*) in „*Le Motif Floral Dans les Tissus Moghols*", Paris. Planche , S.1–4.

Wir wurden von unserem Freund Mohammad Akbar Sahib ins Ehrenzelt der Argoni gebeten. Dort fungierten wir bald als „Hoffotografen". Unsere Tätigkeit wurde mit einer großen Ehre belohnt, denn wir durften je zwei Pfeile mit Akbars Bogen auf das Ziel abschießen. Wahrlich, wahrlich, unsere Leistungen gereichten uns nicht zur Ehre, denn unsere Pfeile blieben weit hinter denen der Argoni zurück, um nicht zu sagen, sie blieben auf halber Strecke im Staub des Festplatzes liegen.

Der Höhepunkt des Festes kam nach dem letzten Schießdurchgang. Eine ladakhische Hochzeit mit prunkvollem Hochzeitstanz wurde gespielt.[53] *Was für eine Pracht! Diese Gewänder, dieser Schmuck! Der Brautzug hielt auf Pferden Einzug, während gerade ein Staubsturm über das Land fegte. Ein Brautwerber (ladakhi a zhang)*[54] *trat auf. Alle Hochzeitsriten wurden abgehalten. Die Hochzeitshelfer (ladakhi nyo-pa) in noblen Trachten, mit hohen, goldenen Hüten (ladakhi ser-thob) tanzten. Würdenträger mit schweren goldenen Ohrgehängen und goldenen Amulettbehältern (tib. ga'u) waren zu sehen.*

Vgl. Abb. 146–149

Es bleibt anzumerken, dass alle Darsteller, also auch die der weiblichen Rollen, ja sogar die Brautmutter und die Braut selbst, von Männern dargestellt wurden. Das tat dem farbenfrohen, überwältigend schönen Spiel allerdings keinen Abbruch. Man soll nie voreilig das Prädikat „Höhepunkt" verwenden. Nach dieser prachtvollen Einlage holte das Fest nur kurz Atem und rauschte dann weiter bis tief in die Nacht. Neben den traditionellen Tänzen Ladakhs tanzten nun auch Tibeter aus Choglamsar.[55] *Ein tibetisches Orchester war zugegen. Es wurden Flöten, Saiteninstrumente und Trommeln gespielt. Zu dieser Musik tanzten Gruppen verschiedener Völkerschaften Tibets in bunten Trachten. Erlesener, alter Schmuck war in Hülle und Fülle zu sehen, denn die reichen Schmuckschätze waren meist die einzigen Wertgegenstände, welche die Flüchtlinge aus ihrer alten Heimat mitgebracht hatten. Die Tänze schäumten über vor Lebensfreude und waren oft sehr anmutig.*

Unvergesslich werden mir jedoch die Tiertänze bleiben, nämlich der Tanz der Zähmung eines wilden Yaks und der Tanz des Schneelöwen (tib. sen-ge). Je zwei Männer tanzten das jeweilige Tier. Sie waren unter künstliche Felle eines Yaks oder eines Löwen geschlüpft. Abgesehen von ihren Füßen waren sie gänzlich vor den Blicken der Zuschauer verborgen.

Der Mann, der den Kopf und den vorderen Körperteil des Tieres tanzte, bewegte sich aufrecht, sein Partner spielte den Hinterleib und die Hinterbeine, indem er sich während der Dauer des Tanzes im rechten Winkel nach vorne beugte und sich mit beiden Händen am Gürtel seines Vordermannes festhielt.

Die Wildheit der „Tiere" ließ nichts zu wünschen übrig. Wahrhaft akrobatische

[53] Zum Thema Hochzeit in Ladakh sehr ausführlich Martin Brauen in „*Feste in Ladakh*", S. 39–70, und Abb. 15–32.

[54] Vgl. Brauen in „*Feste in Ladakh*", S. 42

[55] In Choglamsar bei Leh war damals schon ein großes Flüchtlingslager, bewohnt von Tibetern, die vor der grausamen Knute des kommunistischen Regimes in China geflohen waren. Anm. d. Verf.

Leistungen vollbrachten die Tänzer. Mit ungebändigter Kraft tobten sie über den Festplatz, dass der Staub hoch aufwirbelte. Die massigen Tierleiber überschlugen sich, wälzten sich im Sand, um kurz danach aufzuspringen, das Haupt ungestüm zu schütteln und wieder in Richtung der Zuschauer zu rasen. Im Gegensatz dazu standen die schlanken Leiber der Tierbändiger, die mit bizarren Sprüngen und Purzelbäumen die Tierkolosse umtanzten.

Solche Tiertänze scheinen in Zentralasien seit Jahrtausenden üblich gewesen zu sein. Interessante Spekulationen erlaubt der „Stein der Hirsche", ein Felsbild in der Nähe von Khalsi, auf dem wahrscheinlich auch zwei als Hirsch verkleidete Männer abgebildet wurden (vgl. S. 73 und Abb. 63–65).

Das Argon darzess war weit mehr als nur ein sportlicher Wettbewerb der Bogenschützen. Es bot eine komplexe Zurschaustellung uralter ladakhischer und tibetischer Bräuche.

Natürlich durften auch an diesem Abend das Groteske und der Humor nicht fehlen. So gab es noch viele lustige Tänze und Auftritte von Possenreißern.

Die Zeit verfloss im Nu und plötzlich war der letzte Tanz zu Ende. In unvorstellbarem Tempo verschwanden die riesigen Zuschauermassen in einer gewaltigen Staubwolke. Zurück blieb ein finsterer Aspekt der ladakhischen Gesellschaft, nämlich das offiziell im Buddhismus nicht existente Kastenwesen in seiner klarsten Ausprägung! Zwei Zelte standen sich nun ohne Fest ganz unvermittelt gegenüber: Das prachtvolle, von vielen Öllampen beleuchtete Zelt des Lichtes, der „Baldachin", der sich über den Häuptern der Argoni, den reichen, mächtigen und angesehenen Menschen spannte. Ihm gegenüber das Zelt der Finsternis, der Platz der „niederen" Beda, den verachteten Musikanten. Die Kluft zwischen beiden war zwar äußerlich nur so groß wie der Festplatz.

Vgl. Abb. 150

In Wirklichkeit war er jedoch geprägt von den harten Kontrasten der Ehrerbietung, des Reichtums und des Lichtes auf der einen Seite und Verachtung, Armut und Finsternis auf der anderen. Kein freundliches Wort fand den Weg vom Licht zum Schatten, kein Dank und keine Anerkennung! Von der „Sonnenseite" drangen salbungsvolle Abschiedsreden an die Ohren der Argoni. Überall auf der Welt meinen Menschen, Gutes zerreden zu müssen, um einen Hauch von Wichtigkeit auf ihre Häupter zu werfen.

Aus der Düsternis des Beda-Zeltes klang es nach hastigem Aufbruch und raue, höchst „unvornehme" Stimmen beschlossen die Zeit der ekstatischen Trommelwirbel, der harten Arbeit! Die uralte Kluft, vom rauschenden Fest nur notdürftig überdeckt, brach wieder auf. Die „Niederen" verschluckte die Nacht!"

DIE GOTTFRAU VON SABU

Die Völker, die während der vergangenen drei Jahrtausende die Felsbilder schufen, vertrauten mit Sicherheit der Macht der Schamanen in vielen gefährlichen Lebenslagen. Vermutlich wurzeln die Vorstellungen, die zum Anfertigen mancher Felsbilder führten, in schamanistischem Gedankengut. Aber auch die Nachfahren der Felsbildkünstler im modernen Ladakh glauben fest an die unerklärlichen Energien, die ein kundiger Schamane freisetzen kann. Deshalb soll am Ende meines Berichts über die „magisch wirksamen" Bilder ein Ausflug in die Welt der Schamanen und Orakel stattfinden, denn die geistige Welt der Bergbewohner ist seit Jahrtausenden mit solchen seelischen Zuständen eng verwoben. Damit der Bericht über dieses wuchtige Ereignis nicht verflacht wiedergegeben wird, verwende ich meine Tagebucheintragung:

Besuch bei der Sabu-Lhamo
Was für ein Anblick bot sich uns an jenem denkwürdigen 4. Juni 1981 dar! Die Berge rings um Leh lagen unter Schnee, ja Schnee lag teilweise bis hinunter in die Stadt. Zwar wird er schnell wieder tauen, aber die Feuchtigkeit ließ die Stadt wie einen riesigen, zernagten Schwamm erscheinen. Hoffentlich kommt der Segen des Himmels nicht zu heftig, wie letztes Jahr, dachte ich. Undichte Flachdächer aus immer schwerer werdendem Lehm sind kein Vergnügen, sondern eine ernste Bedrohung für die Bewohner des betroffenen Hauses!
Erstaunlich war wieder einmal die Tatsache, dass die Ladakhis dem ungewohnten Wetterumschwung hilflos und tatenlos entgegensahen. Überall lag triefnasses Bettzeug auf den Dächern. Wie schon so oft, mussten wir feststellen, dass niemand hier das Wetter voraussagen kann. Vor einigen Tagen hatten wir mehrere Einheimische gefragt, ob es jetzt gutes Wetter für längere Bergtouren gäbe. „Ja, besonders gutes Wetter", war stets die Antwort. Wenig später verhüllten schwerer Regen und Schneestürme die Berge. Gestern Abend schaute ich den Himmel an und sagte zu Akbar Sahib: „Es wird bald regnen." „Kein Problem, es wird nicht regnen", war seine Antwort. Er hatte recht, es wurde Schnee! In einem Alpendorf wäre es wohl schwerlich möglich, dass die Bewohner das Wetter so falsch einschätzen. Hier im Himalaya lohnt sich jedoch eine Vorausschau nicht, denn allzu groß ist die Macht der Götter. Sie alleine verursachen alles, auch das Wetter! Wer würde sich anmaßen, göttliche Pläne vorherzusehen?
Die wilden Wolkenstimmungen des heutigen Tages waren bestens geeignet, ein

Vgl. Abb. 151

höchst ungewöhnliches Erlebnis einzuleiten. Meine Frau Chantal, ein Freund, ein Dolmetscher und ich fuhren heute morgen nach Sabu. Wir wollten die in Ladakh sehr berühmte Sabu-Lhamo, sie wird hier auch Ayu Lhamo[56] genannt, besuchen. Jene Frau, die wir zunächst für eine Nonne gehalten hatten, soll dank ihrer medialen Begabung schon oft in Trance Weissagungen gemacht haben. Außerdem wurde uns gesagt, sie habe schon sehr viele schwerkranke Menschen durch exorzistische Riten geheilt.
Wir kamen, bewaffnet mit unserem westlichen Wissensdrang und unserer Logik, dieses Schauspiel zu betrachten. Da man jedoch nur mit einem echten Anliegen vor die „Gottfrau" treten durfte, hatten auch wir Fragen zu stellen. Deshalb war ein Dolmetscher notwendig. Übrigens auch für fast alle anderen Hilfesuchenden, denn die Lhamo, so wurde uns versichert, spricht während der Trance nur eine alttibetische Sprache, die sie im normalen Leben nicht beherrscht und die auch sonst hier fast niemand versteht. Wir ahnten nicht, auf was wir uns da einließen!
In einem kleinen Haus am südlichen Ortsrand befand sich der Ort des Geschehens. Im Halbdunkel eines Raumes hockten dicht gedrängt viele Menschen. Männer, Frauen, Kinder, Buddhisten, Muslime und Hindus. Sogar ein hoher indischer Offizier mit seiner Frau war dabei. Wir rundeten das bunte Gemisch von Leuten in ungewöhnlicher Weise ab, denn Europäer zählten nicht zu den üblichen Besuchern in diesem Haus.
Nahe des einzigen kleinen Fensters kniete auf einem Teppich eine Frau unbestimmbaren Alters. Vor ihr standen auf einem niedrigen Tischchen (tib. tschoktsche) allerlei Kultgeräte und Gefäße. In drei Schalen befand sich Wasser, in zwei Schalen Reis und in einer weiteren eine dunkle Flüssigkeit. In einer Schale voll Reis steckte ein brennendes Räucherstäbchen, Daneben standen eine brennende Butterlampe und ein Butterkegel. Hinter dieser Reihe von Gefäßen stand ein weiteres, zweistöckiges Gefäß. In dessen oberer Schale befand sich wiederum Reis, in dem zur flachen Schale gestalteten Fuß eine undefinierbare Flüssigkeit. Von einem kleinen Kohlebecken stieg der Rauch von Räucherwerk auf. Hinter diesem Altar befand sich ein weiterer Tisch, auf dem allerlei Gerümpel und zahlreiche Glücksschleifen (tib. katak) lagen. Als westlicher Gegenpol zu all dem Fremden war eine große Nescafé-Dose zu sehen.
Nach einiger Zeit der Vorbereitungen begann die Beschwörung des Gottes Mahakala[57] (vgl. Abb. 152). *Die Lhamo betete lang in monotonem Singsang. Sie legte sich einen Schurz aus Brokatstoff um. Dann nahm sie noch ein Schultertuch aus blauem Brokat.*

[56] Lhamo = weibliche Form von „Gottmensch", die männliche Form würde Lhapa heißen. So werden in Ladakh die Schamanen genannt. Vgl. Amelie Schenk in *„Schamanen auf dem Dach der Welt"*, S. 228.

[57] Mahakala kommt von sanskr. *Maha* = groß und *kala* = Zeit, aber auch schwarz. Daher wird er in Tibet *mgon ponagpo*, sprich Gönpo Nagpo = „der Schwarze Schützer, Herrscher oder Führer" genannt.

Ihren Kopf bedeckte sie mit einem roten Kopftuch[58] und ein rotes Tuch band sie sich vor Mund und Nase. Zum Abschluss ihrer äußerlichen Verwandlung setzte sie die fünfteilige Krone der Dhyanibuddhas auf. Der monotone Singsang dauerte an. Zwischendurch gab sie etwas Reis von den kleinen Schalen auf das dahinter stehende größere Gefäß.

Der Klang der Glocke (sanskr. ghanta, tib. dril bu), die sie nun nebst dem Donnerkeil (sanskr. vajra, tib. rdo rje) ergriff, verstärkte den Rhythmus des Gebets.

Vgl. Abb. 154

Wenig später ertönte in ihrer rechten Hand eine Doppeltrommel aus menschlichen Schädelkalotten (sanskrit damaru).

Der Rauch, der vom Räucherbecken aufstieg, der Gesang und der hohe Klang der ghanta, kraftvoll untermalt vom lauten Hämmern der damaru, verschmolzen zu einem komplexen Ereignis, dass seine Wirkung auf alle Anwesenden nicht verfehlte.

Immer öfter drangen tiefe Schreie aus dem Leib der Frau. Die Energie des Gottes trat in die Gottfrau ein, dieTrance begann (ladakhi shugs)! Der Rhythmus der Instrumente steigerte sich zur Raserei, der Gesang veränderte sich. Mit geschlossenen Augen wiegte die Lhamo ihren Körper. Das wirkte auf mich, als ob sie von einer fremden Kraft bewegt würde. Mit einem Opferlöffel schüttete die mehr und mehr gepeinigt wirkende Frau die dunkle Flüssigkeit auf den Tisch. Glocke und Trommel tobten noch einige Zeit wie von einer Urkraft geschüttelt. Mit einer unwirklich klingenden Kopfstimme stieß die Frau nun gellende Laute aus und warf dabei Reis hinter sich. Tiefes Grunzen, Töne, die akustisch weder einem Menschen noch einem Tier zuzuordnen waren, drangen danach aus der Brust der Besessenen und wieder flog Reis durch den Raum.

Rauch, Urschreie, unheimliche Töne, schrille Gebete und das eindringliche Hämmern der damaru umgaben uns!

Was läuft hier ab? Langsam merkte ich, wie meine Logik, auf die ich bisher so stolz war, von mir wich. Eine mir bislang noch nicht bekannte, unbestimmte Furcht beschlich mich. Dieses fremde Wesen soll ich über unsere Zukunft befragen? Das könnte gefährlich werden, denn das ist keine Scharlatanerie, das ist ein von mir unbekannten Mächten gesteuerter, mächtiger Wahnsinn! Aber ein Zurück gab es nicht mehr, hier mussten und wollten wir durch. Am Ende muss doch die Logik siegen, oder steht eine höhere, mir unzugängliche Logik hinter dem Geschehen?

Der Gott Mahakala hatte inzwischen von seinem Medium voll und ganz Besitz ergriffen. Die Bittsteller durften nahen. Andächtig, eine unbestimmte Furcht in

[58] Interessant ist, dass man die Schamanen der Hindu-Gaddi in Himachal Pradesh an ihren roten Mützen (*topu*) erkennen kann. Vgl. „*Westhimalaya – Am Rand der bewohnbaren Erde*", S. 62 und S. 175.

den Augen, hockten sie auf dem Boden, all jene Gläubigen, die eine Frage oder ein Anliegen an die Gottheit hatten. Die anderen Leute, die offensichtlich nur als Begleiter mitgekommen waren und keine Anliegen hatten, zeigten indessen keinerlei Betroffenheit. Vielmehr palaverten und lachten sie unbekümmert.
Die erste Frau kam mit ihrer Frage vor die Lhamo, legte ihr eine Glücksschleife (tib. katak) über die Krone und wartete gesenkten Hauptes auf die Antwort des Gottes, der nun in einer hohen Fistelstimme über den Mund der Lhamo sprach. Ein Schlag mit einem Rohrstock war die erste Antwort, dann kamen die erhofften oder gefürchteten Worte unter dem Mundtuch der Lhamo hervor. Neues Räucherwerk wurde entzündet und plötzlich rannte die Besessene aus dem Raum, gefolgt von einigen Leuten.
Später erfuhren wir, sie habe ein krankes Dzo (tib. mdzo)[59] geheilt. Der Gott Mahakala hilft auch Tieren. Die Lhamo habe einen Knochen aus dem Magen des Tieres gesaugt, da dieses nicht mehr fressen wollte, wurde uns berichtet.
Was heilen durch saugen bedeutet, erfuhren wir bald nach ihrer Rückkehr. Dann kam die kranke Frau des indischen Offiziers an die Reihe. Die Lhamo saugte sehr heftig mit ihrem Mund eine rote Flüssigkeit aus dem Bauch der Frau. Eine Spülung des Mundes, ein göttlicher Rat und der nächste Patient kam dran. Ein kleines Kind wurde ebenso mit Saugen behandelt und viele Leute nach ihm. Manchmal schmierte die Lhamo die tiefroten Saugmale auf den Leibern der Kranken mit einem Fett ein. Gelegentlich stöhnten die Hilfesuchenden vor Schmerz laut auf. Hin und wieder benützte die Lhamo ein Holzrohr (ladakhi puri), um zu saugen. Entweder spie sie das, was sie aus dem Leib gesaugt hatte, in ein Wasserbecken oder in eine Schale mit Erde.
Zwischendurch kamen Leute, die nur die Zukunft wissen wollten oder die Hilfe bei der Suche nach einem wichtigen, verlorengegangenen Gegenstand erbaten. So kamen endlich wir an die Reihe. Sehr gemischte Gefühle ergriffen mich, denn unsere Frage war unter den gegebenen Umständen eher problematisch. „Wie sieht die Zukunft meiner schwangeren Frau und die unseres ungeborenen Kindes aus?", lautete die Frage auf dem Zettel, den unser Dolmetscher dem „Gott im Menschenleib" vorzutragen hatte. Für einen Mann, der einerseits nicht an Exorzismus und Weissagungen glaubt, andererseits aber keinen Gegenbeweis gegen das extrem fremdartige und zugleich eindrucksvolle Geschehen ins Feld führen kann, war das eine sehr törichte und zugleich gefährliche Frage. Was würde geschehen, wenn jenes besessene Wesen etwas Schlechtes verkündet? Bei aller Logik, es wäre logisch, dass ein Funken gefährlicher Furcht zurückbleiben wür-

[59] Ein Dzo ist ein Hybrid von einem tibetischen Yak und einem indischen Bergrind.

de.[60] Zu spät, für den neugierigen Europäer gab es kein Zurück mehr, ich wollte ein völlig unlogisches, aber furchterregendes Phänomen logisch ergründen und fühlte mich jetzt ziemlich unwohl. Dennoch legten Chantal und ich unsere katak über die Krone der Lhamo. Der Singsang des Gebets erscholl, ghanta und damaru tobten kurz, Reis flog durch die Luft auf ein Trommelfell der nun ruhig gehaltenen damaru. Die Finger der Lhamo verteilten die Reiskörner auf der Trommel, eine kurze Betrachtung folgte und dann kam sie, die Antwort über unseren Dolmetscher: „Alles wird nach Eurem Wunsche geschehen, die Zeichen stehen gut!" Nicht sehr ergiebig, noch nicht beweisbar, aber doch sehr erleichternd!

Der Nächste war unser Freund. Er war noch etwas heftiger bei der Sache und hatte sichtlich Angst. Seine Frage war auch delikat, denn er war in den Bergen von einem Hund gebissen worden und seither jeden Tag im Hospital von Leh, um dort die sehr schmerzhafte Tollwutimpfung unter eher befremdlichen Umständen über sich ergehen zu lassen. „War der Hund, der mich gebissen hat, tollwütig und hat die Behandlung im Hospital eventuell geschadet?" lauteten seine Fragen. Nun, wer das Krankenhaus in Leh 1981 kannte, versteht die Frage besser, denn die Hygiene war nicht gerade der ausgeprägteste Aspekt des „Hauses der heilenden Hände". „Keine Tollwut, kein Schaden!" lautete die Antwort Mahakalas.

Lange schauten wir noch dem befremdlichen Geschehen zu. Dann kam das Ende der Besessenheit. Die Bittsteller durften noch einmal vor der Lhamo niederknien, Sie segnete uns alle durch Auflegen des vajra auf verschiedene Körperteile. Dieser Segnung wurde von uns nur Chantal als Mutter des ungeborenen Lebens teilhaftig. Jeder Bittsteller bekam etwas Reis, Chantal noch extra einen katak mit einem Knoten um den Hals gelegt. „Den sollt Ihr nicht waschen und wenn Ihr ihn nicht mehr benötigt, werft ihn in reines Wasser, am besten in den Indus." sagte uns die Lhamo.

Für jeden gab es religiöse Ratschläge. Den Buddhisten und Hindus wurde die Verehrung ihrer Götter empfohlen. Den Muslimen empfahl die Lhamo, Allah stets zu lobpreisen. Was für ein Beweis von großer Toleranz! Uns wurde der Rat zuteil, mit Ruhe und Andacht die Klöster zu betreten und niemals zu hasten. Ein sehr guter Rat!

Die Kraft des Gottes wich nun von der Frau. Grunzend und zwischendurch hohe Laute ausstoßend kniete sie vornübergebeugt auf ihrem Teppich. Wieder hörten wir sie stöhnen und grunzen, sie zitterte, schlug sich einige Male mit der Faust auf ihren Rücken, zurück blieb ein Häuflein Elend, ein schwacher Mensch. Müh-

[60] Nicht umsonst sagen die Iraner „*tars bradar-e-marg ast*" „Angst ist der Bruder des Todes".

sam legte sie nun ihre Krone und ihr Ritualgewand ab. Gestützt von einem jungen Mann hing sie einige Zeit auf ihrem Platz. Der Besuch der Gottheit war beendet.

Als wir später die Sabu-Lhamo vor ihrem Haus sahen, waren wir erstaunt. Was uns im Halbdunkel des Raumes verborgen geblieben war, kam nun ans Licht: Eine ungewöhnlich schöne Frau mit sympathischen, gütigen, ja humorvollen Zügen. Ihr Alter lag irgendwo zwischen 40 und 60 Jahren. Nicht die geringste Spur von dem Geschehen, nicht ein noch so geringer Hinweis auf ihre Fähigkeit, unbekannte Gewalten zu entfesseln, waren zu erkennen.

Geldgier kann auch nicht die Triebkraft für ihr Schamanieren gewesen sein. Jedem Bittsteller stand es frei, ob und wie viel er der Lhamo zahlte. Ein Häufchen Geld lag vor ihr. Sie griff eine Hand voll Geldscheine und schenkte sie einem jungen Mann, den sie offensichtlich kannte. Den Rest steckte sie achtlos wie ein paar Lumpen in ihre Tasche. So wurden wir heute Zeugen eines eindrucksvollen Phänomens. Zwischen Bittstellern in unterschiedlichen Nöten und einer medial begabten Frau wurden Kräfte des Glaubens freigesetzt, die ohne Schwierigkeiten die Barrieren zwischen unterschiedlichen Religionen überwanden. Da Glaube bekanntlich Berge versetzt, kann die Lhamo vermutlich oft heilen, wo die moderne Medizin versagt.

Im modernen Indien wurde diese Begabung anerkannt. Egal, wer in dem Riesenreich den Segen der Lhamo und somit des Gottes Mahakala erbat, hatte damals einen Anspruch darauf, sie zu sehen. Wenn er den weiten, mühsamen Weg nach Ladakh aus gesundheitlichen oder finanziellen Gründen nicht auf sich nehmen konnte, durfte die Sabu Lhamo kostenlos mit der staatlichen indischen Fluggesellschaft in jeden Teil Indiens fliegen! Ob die Lufthansa einem Schamanen in Deutschland gleiche Rechte einräumen würde, wage ich anzuzweifeln.

Die „Gottfrau" von Sabu ist offensichtlich schon seit langer Zeit berühmt. Selbst Sven Hedin berichtete von ihr. Damals weilte sie jedoch noch in einem anderen Leib.

Sie wird nach ihrem Tod immer wieder in Sabu inkarnieren, versicherten uns viele Ladakhis.

Sie war übrigens verheiratet und führte das Leben einer ganz normalen Frau.[61]
Nach einer Trance könne sie sich niemals an das erinnern, was gewesen ist, als der Gott in Ihrem Leibe weilte, wurde uns berichtet.

[61] Das ist auch die Situation der Orakel der Hindu-Gaddi in Himachal Pradesh, vgl. „*Westhimalaya – Am Rand der bewohnbaren Erde*", S. 136–138.

Wie zu Beginn dieses Buches schon erwähnt, ist alles im Fluss! So kann man heute in Zeiten des Internets mit wenigen Mausklicks zahlreiche Berichte in vielen Sprachen über die Sabu Lhamo, auch Ayu Lhamo genannt, finden und ihr ins Antlitz blicken. Diese weise Schamanin ist heute unter westlichen Reisenden keine Unbekannte mehr. Man kann sie seit einigen Jahren in ihrem Häuschen in Sabu ohne größere Schwierigkeiten besuchen und um Rat in allen Lebenslagen bitten. Nun ist sie 84 Jahre alt, lebt immer noch ihr bescheidenes Leben und versucht in Trance ihren Mitmenschen, egal woher sie kommen und an was sie glauben, Hilfe durch die Gottheit zu vermitteln. Übereinstimmend kann man den Berichten der Reisenden entnehmen, dass sie den Pfad der seriösen, tief verwurzelten Religiosität niemals verlassen hat.

Auf diesem Wege verbreiten sich die eindrucksvollen Mächte der „schamanistischen Unlogik" auch in der westlichen Hemsiphäre. Aber vielleicht hatten sie uns auch nie ganz verlassen?

Der einst als primitiver Hokuspokus belächelte Schamanismus wird inzwischen auch in unserem Kulturkreis wieder ernst genommen. Als begleitendes Therapieverfahren wird seriöser Schamanismus gelegentlich bei der Heilung psychischer Störungen angewendet. Auch philosophische Fakultäten bedeutender westlicher Universitäten setzen sich mit jenen rätselhaften Mächten auseinander, die offensichtlich tief in unseren Seelen schlummern und von medial begabten Menschen freigesetzt werden können.

Abb. 54–59

Felsbilder am Burgberg von Mulbekh: Wildtiere im flächigen Stil und im Umriss-Stil sowie zwei Chörten und ein „magisches" Quadrat sind hier abgebildet. Die Tiere weisen große Phalli auf (vgl. S. 64).

Abb. 55

Schwach erkennt man hier einige Tiere aus verschiedenen Perioden. Der flächige Stil und ein Tier mit bitriangulärem Körper (vgl. S. 64) sind zu sehen. Winzige menschliche Figuren und ein flächig dargestellter, vermutlich mittelalterlicher Chörten wurden außerdem in diesen Teil des Burgfelsens graviert.

Abb. 56

Schwach erkennt man die tibetische Inschrift „Om Mani Padme Hum", einen Chörten, zwei Ziegen mit langen, gebogenen Hörnern sowie einen weiteren Chörten. Unten im Bild ist extrem schwach die „magische Linie" mit architektonischen Symbolen zu sehen (vgl. S. 66).

Abb. 57

Dieses Bild von den Petroglyphen am Burgberg von Mulbekh zeigt das ganze Ausmaß der hässlichen, modernen Übergravuren (vgl. S. 65).

Abb. 58

Man erkennt deutlich drei Chörten, die vermutlich zwischen dem 11.–13. Jahrhundert in den Fels gemeißelt wurden. Vergleiche mit Malereien in Alchi Choskor legen diese Vermutung nahe (vgl. S. 50). Außerdem wurden zahlreiche Wildtiere im flächigen Stil dargestellt. Mehrere Strichmännchen sowie ein Jäger, der einen Reflexbogen spannt, sind zu sehen. Eine Wildziege wurde über einen der Chörten graviert. Ein T. T. CHOPA verewigte 1981 seinen Namen über den alten Gravuren (vgl. S. 65).

Abb. 59

Schwach erkennt man einen stehenden Bodhisattva, dessen Entstehung vielleicht von der nahen Monumentalfigur des Maitreya (vgl. Abb. 22) inspiriert worden ist. Dieses Bild dürfte jedoch kaum älter als 300 Jahre sein. Neben dem Bodhisattva erscheint ein Sichelmond. Ganz oben links erkennt man noch spärliche Reste des „magischen" Bandes (vgl. S. 66). Die Inschrift rechts im Bild ist neuzeitlich.

Abb. 60–62

Der „Stein der Tänzer" bei Khalsi muss in drei Bildern dargestellt werden, damit man die verschiedenen Färbungen der Repatinierung erkennen kann. Die ältesten Gravuren auf diesem Felsblock könnten etwa 2000 Jahre alt sein (vgl. S. 69).

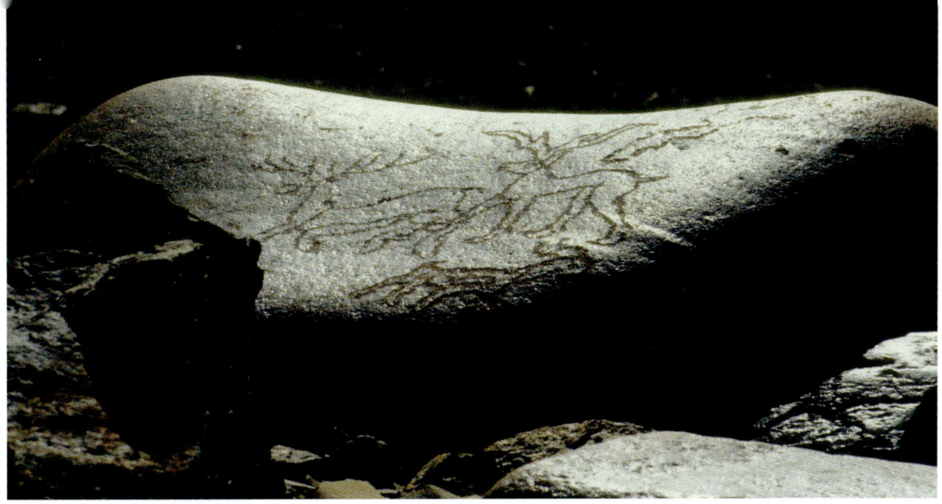

Abb. 63–65

Der „Stein der Hirsche“, den wir im Gebiet von Khalsi, dem alten Khalatse fanden, war einer der interessantesten Bildsteine in Ladakh. Die verschiedenen Ansichten ermöglichen ein präzises Erfassen der Darstellung. Der Hirsch und die „Schamanen“ sind sicher schon im 1. Jahrtausend v. Chr. entstanden (vgl. S. 70–73).

Abb. 66

Dieses Felsbild nahe Khalsi sorgte für einige Verwirrung, denn es repräsentierte einen sehr alten Stil, schien aber ziemlich jung zu sein, da eine Repatinierung fehlte (vgl. S. 73).

Abb. 67

Aus diesem Blickwinkel wirkt dieser Bildstein nahe Khalsi eher verwirrend (vgl. S. 73).

Abb. 68

Aus diesem Blickwinkel sind die skythischen Stilelemente dieses bemerkenswerten Felsbildes jedoch deutlich zu erkennen. (vgl. S. 73–74).

Abb. 69

Ein weiteres sehr altes Felsbild nahe Khalsi (vgl. S. 74).

Abb. 70–80

Der große Kultstein von Nurla (vgl. S. 80) kann nur in mehreren Bildern umfassend dargestellt werden. Verschiedene Belichtungen erlauben das Erkennen wichtiger Details.

Abb. 70

Über dem Tier mit den gewaltigen Hörnern erscheint eine moderne Ergänzung. Außerdem wurden vor nicht sehr langer Zeit zwei Tiere mit bitriangulärem Körper auf dem Stein angebracht (vgl. S. 81–82).

Abb. 71

Die verschiedenen Entstehungsperioden der Gravuren können in diesem Bild sehr genau studiert werden. Die zwei Tiere mit bitriangulären Körpern müssen sehr viel jünger sein als die Darstellungen im Linienstil (vgl. S. 83).

Abb. 72

Die starke Zerstörung von großen Teilen des Steins wird in diesem Bild deutlich.

Abb. 73

Deutlich erkennt man die erst in jüngster Vergangenheit ergänzte Figur (vgl. S. 82). Die hier abgebildeten Menschen scheinen einen Reihentanz aufzuführen, wie er heute noch in Ladakh üblich ist (vgl. Abb. 125).

Abb. 74

Gesamtansicht der noch vorhandenen Petroglyphen. Das Ausmaß der Zerstörung der Bilder durch Frostaufbrüche wird in diesem Bild deutlich.

Abb. 75

Detailansicht des Tieres mit den gigantischen Hörnern (vgl. S. 81–82).

Abb. 76 oben links

In diesem Bild kann die jüngere Übergravur besonders gut studiert werden (vgl. S. 83).

Abb. 77 links

Die „Reihentänzer“ mit der modernen Ergänzung im Detail (vgl. S. 82).

Abb. 78

Dieses Bild ist besonders aufschlussreich. An einer Stelle, an welcher der Wüstenlack schon vor längerer Zeit abgeplatzt ist, kann man noch schwach Reste alter Gravuren auf dem Trägergestein erkennen. Die Bildung von neuem Wüstenlack hat schon begonnen (vgl. S. 83).

Abb. 79

Auch dieses schöne Pferd wird wohl bald durch Frostaufbrüche zerstört werden.

Abb. 80

Die Verehrung des schwangeren Muttertiers kann jetzt besonders gut betrachtet werden. Links über dem Tier erscheint eine primitive, neuere Gravur (vgl. S. 81).

Abb. 81

Diese eindrucksvolle Jagdszene auf dem Weg nach Alchi ist vermutlich im 1. Jahrtausend v. Chr. entstanden (vgl. S. 92).

Abb. 82

Die Wildtiere und der Jäger auf diesem Felsbild nahe Alchi stammen offensichtlich aus verschiedenen Perioden. Die primitiv gestalteten Chörten wurden sicher erst in jüngerer Vergangenheit über das alte Bild gemeißelt (vgl. S. 93).

Abb. 83

Ein Chörten und eine Jagdszene wurden auf diesem Bildstein in ungewöhnlicher Weise kombiniert (vgl. S. 93). Die gleiche Farbe der Repatinierung und die Form des Chörten legen eine Entstehung zwischen dem 10. und 13. Jahrhundert nahe.

Abb. 84

Dieser komplex gestaltete Bildstein in der Nähe von Alchi ist ein bemerkenswerter Zeuge der alten Kultur Ladakhs (vgl. S. 94–95). Vermutlich entstand er während der Periode des tibetischen Großreichs, das sich unter den Yarlung-Herrschern im 8.–9. Jahrhundert bis in diesen Teil Ladakhs erstreckte.

Abb. 85

Detailansicht des Bildsteins von Abb. 84.

Abb. 86

Mehrere tibetische Inschriften, Chörten und ein Pferd bedecken diesen mittelalterlichen Bildstein nahe Alchi (vgl. S. 96). Im Hintergrund erkennt man die neue Brücke über den Indus. Die alte Kragbrücke überspannte unweit dieser Stelle den Fluss.

Abb. 87

Die Reihe von drei Chörten auf einem Podest und die beiden Vögel wurden im Mittelalter nahe Alchi in den Geröllblock graviert (vgl. S. 97). Im Hintergrund erkennt man noch weitere Felsblöcke mit Darstellungen von Chörten.

Abb. 88

Weitere Darstellungen von Chörten im Felsbildareal von Alchi. Auch in diesem Fall ist eine mittelalterliche Entstehung wahrscheinlich (vgl. S. 98).

Abb. 89 und **90** unten

Dieser Bildstein auf dem Weg nach Alchi weist sechs Chörten und Inschriften in einem alten Duktus auf (vgl. S. 98). Vermutlich entstanden die Bilder zwischen dem 10. und 13. Jahrhundert. Die Bilder lassen die Bedeutung der Botschaft erahnen, welche die zahlreichen Chörten entlang des Karawanenpfads in der wilden Bergwüste den Reisenden überbrachten: Die Mühsal der Reise ist nun bald vorbei, das Alchi-Kloster und somit leibliche und geistige Geborgenheit sind nah.

Abb. 91

Auch in diesem Fall ist die Entstehung des Chörten nahe Alchi zwischen dem 10. und 13. Jahrhundert wahrscheinlich (vgl. S. 104).

Abb. 92 oben rechts

Ein relativ junges Felsbild in der Nähe der alten Indusbrücke unweit von Alchi. Im Hintergrund strömt der Indus. Francke hat dieses Bild schon partiell gezeichnet.[62] Seine Vermutung, es sei während der Dardenperiode entstanden, teile ich nicht. Es dürfte kaum älter als 200–300 Jahre sein (vgl. S. 102).

[62] Vgl. Francke in „*Ladakh, the Mysterious Land*", S. 35.

Abb. 93

Ein primitiv gestaltetes Felsbild unbekannten Alters nahe Alchi (vgl. S. 104). Eine Inschrift, ein Jäger mit einem Reflexbogen, Wildtiere und ein Chörten sind zu erkennen.

Abb. 94–97

Der große Stein von Tschilungtse wirkte auf uns wie ein Altar, an dem vor sehr langer Zeit jagdmagische Rituale abgehalten wurden. Man kann diesen komplexen Bildstein nur in mehreren Bildern darstellen (vgl. S. 105).

Abb. 94

Ansicht von Westen (vgl. S. 106).

Abb. 95

Draufsicht auf den „Altar“ von Tschilungtse (vgl. S. 107).

Abb. 96

Der korpulente Mann mit dem „Tarnschild" (vgl. S. 107).

Abb. 97

Der hagere Mann, der das Wildtier ergreift (vgl. S. 108). Man erkennt auf diesem Bild auch einen schweren Frostaufbruch, von dem aus der Stein schon bald weiter zerstört werden könnte.

Abb. 98 bis **101**

Der „Sonnenstein" von Taroo zählt sicher zu den ältesten und bedeutendsten Kultsteinen, die wir in Ladakh fanden (vgl. S. 110). Eine Entstehung im 1. Jahrtausend v. Chr. ist sehr wahrscheinlich.

Abb. 98 oben links

Gesamtansicht des „Sonnensteins". Im Hintergrund erkennt man die Piste nach Taroo.

Abb. 99 oben rechts

Das Tier mit den gewaltigen Hörnern und ein in neuerer Zeit angebrachtes Tier.

Abb. 100 und **101**

Diese zwei Detailansichten des „Sonnensteins" ermöglichen ein besseres Erkennen der sehr schwachen Gravur. Die stilistische Verwandtschaft zu den Tieren auf Abb. 81 wird nun deutlich sichtbar.

Abb. 102

Ein weiterer, sehr alter Bildstein nahe Taroo. Das große Tier im Umriss-Stil dürfte genauso alt sein wie die Tiere im flächigen Stil (vgl. S. 102).

Abb. 103 unten links

In den alten Dörfern Ladakhs findet man immer wieder uralte Steine mit künstlich angefertigten Vertiefungen. Diese Steinmörser dienen teilweise heute noch zum zerstoßen von Ölfrüchten.

Abb. 104

Vorbeiziehende Jäger haben vermutlich über mehrere Jahrhunderte hinweg diesen eindrucksvollen Felsblock mit Wildtieren verziert (vgl. S. 115).

Abb. 105

Einer der kleinen Tempel im Zentrum des Hochtales von Urgyen Dzong (vgl. S. 116).

Abb. 106

Im Hochtal von Urgyen Dzong sind die ersten Pilger eingetroffen. Sie lagerten in kleinen Gruppen verteilt im Tal. Auf der Anhöhe erkennt man die beiden kleinen Tempel (vgl. S. 116).

Abb. 107

Die ersten Pilger stiegen zum Höhlenheiligtum Urgyen Dzong auf.

Abb. 108

Immer mehr Pilger drängten zu den heiligen Höhlen, in denen vor über 1200 Jahren Guru Padmasambhava meditiert haben soll.

Abb. 109

Viele Menschen entledigten sich ihres Schmucks und ihrer Festgewänder, schon bevor sie zu den heiligen Höhlen aufstiegen (vgl. S. 117).

Abb. 110

Die im „Bauch“ der Mutter Erde Verschwundenen erschienen wieder in schwindelerregender Höhe in der steilen Felswand (vgl. S. 118). Ein Sturz von dieser Höhe wäre vermutlich tödlich verlaufen.

Abb. 111–112

Immer wieder krochen die Pilger aus engen Löchern im Berg, um nach einer gefährlichen Kletterpartie im nächsten Schlund des Felsens zu verschwinden. Ohne die Hilfe anderer Pilger wäre das wohl nicht gelungen.

Abb. 113–115

Der Weg der Pilgerinnen und Pilger führte oft über einen etwa handbreiten, natürlichen Steinsims durch die fast senkrechte Felswand. Kleinen Kindern wurde von starken Männern geholfen. Dennoch wirkten manche etwas unsicher. Wer da noch lachen konnte, stand vermutlich unter einem ganz besonderen himmlischen Schutz!

Abb. 116

Ein Pilger im Tal von Urgyen Dzong zeigte drei Frauen aus dem oberen Ladakh und einer Frau aus dem Wakha-Tal den heiligen Felsen, auf dem das Antlitz des Buddha erscheint (vgl. S. 119). Die Herkunft der Frauen erkannten wir an der Form ihrer Türkishauben (*perag*).

Abb. 117

Diese Frau aus Mulbekh trug den für das Wakha-Tal typischen *perag*.[63]

[63] Vgl. Weihreter in „*Schmuck aus dem Himalaja*", S. 107, Abb. 48.

Abb. 118 und **119**

Der Schmuck dieser noblen Dame aus Leh war ungewöhnlich kostbar. Ihr für das östliche Ladakh typischer *perag* war mit sehr guten Türkisen besetzt. Auf seiner Rückseite war ein Seitenteil mit Korallen zu sehen.[64]

[64] Erläuterung ihres Schmucks in Weihreter in „*Schmuck aus dem Himalaja*", S. 64 und 68, Abb. 26 und 27.

Abb. 120

Diese Pilgerin trug den typischen *perag* und die Bronzefibeln des Wakha-Tales.[65]

[65] Vgl. Weihreter in „*Schmuck aus dem Himalaja*“, S. 110 ff.

Abb. 121

Von einem der beiden Tempel aus verfolgten einige ältere Pilgerinnen und kleine Kinder gebannt das Geschehen in der Felswand.

Abb. 122

Die seltsamen Fotografen aus Europa wurden freundlich in der festlichen Runde aufgenommen (vgl. S. 120).

Abb. 123

Während sich noch viele Menschen auf dem Weg durch die Felsen befanden, ließen die Beda-Musikanten schon ihre Trommeln im Tal erschallen. Das Fest unter den Schukpachan-Bäumen hatte begonnen (vgl. S. 120).

Abb. 124

Die Männer begannen den Tanz unter den heiligen Bäumen (vgl. S. 120).

Abb. 125

Bald sangen und tanzten die Frauen mit. Hier sind es Frauen aus dem Tal des Wakha-*chu* und zwei Frauen aus Leh, wie wir an ihrem Schmuck erkennen können. Die Form ihres Reihentanzes ist in Ladakh vermutlich schon sehr alt. Darauf deutet ein Felsbild bei Nurla hin (vgl. Abb. 77).

Abb. 126

In einem der heiligen Bäume im Tal von Urgyen Dzong befand sich ein Lha-tho, was ihn als Wohnsitz einer niederen Gottheit auswies.

Abb. 127

Die Pilgerinnen und Pilger traten, vom Fest leicht geschwächt, wackeren Schrittes ihren langen Heimweg an (vgl. S. 121).

Abb. 128

Auch wir schlossen uns einer kleinen Pilgerkarawane an und wanderten den weiten Weg zurück nach Mulbekh (vgl. S. 121).

Abb. 129 und **130**

Die Beda-Musikanten musizierten. Ihre Familien, natürlich auch die Kleinkinder, waren mit dabei. Die Trommelwirbel wurden lauter und versetzten den Festplatz in heftige Vibration (vgl. S. 124).

Abb. 131 und **132**

Argon darzess 1982 in Leh. Die Argoni beim Abschießen der ersten Pfeile (vgl. S. 124).

Abb. 133 und **134** rechts

Der Besuch des großen Festzeltes war nur den Argoni erlaubt (vgl. S. 124). Das Zelt war noch ganz von der Tradition der prachtvollen Zelte geprägt, welche die indischen Mogul-Kaiser auf ihren Reisen verwendeten. Das ist verständlich, denn die Argoni waren ursprünglich Muslime aus Yarkand. Auch die Mogule kamen aus dem westlichen Zentralasien, denn sie waren Türken.

Abb. 135

Vor den Argoni standen kleine tibetische Tischchen (*tschoktsche*) und darauf typische tibetische Tassen in Silberständern.

Abb. 136

Die Würdenträger sind vom Hochzeitsspiel zurückgekehrt. Außer den tibetischen Teetassen sah man eine tibetische Teekanne aus Kupfer und Silber mit einem prachtvollen Drachen-Henkel. Die Männer zeigten stolz ihre Goldhüte (*ser-thob*), die sie während der Aufführung der Hochzeit als Hochzeitshelfer (*nyo-pa*) getragen hatten (vgl. S. 125).

Abb. 137

Ein Possenreißer gönnte sich nach ausgiebigem Genuss von *tschang* eine kleine Pause.

Abb. 138

Die Zuschauer saßen bis hinauf zu den Chörten am Rande des Festplatzes, um den Wettkampf der Schützen besser sehen zu können.

Abb. 139 und **140**

Die weniger wohlhabenden Festbesucherinnen trugen die typischen Hüte (ladakhi *tibi*). Die Leistung der Schützen beeindruckten die Frauen sichtlich.

Abb. 141

Viele neugierige, aber weniger privilegierte Menschen versuchten einen Blick ins Festzelt zu erhaschen.

Abb. 142

Die Schützen verbesserten sich zusehends. Der Mann im Hintergrund trug in seinem Gürtel aus Wildseide ein tibetisches Messer (*dughti*) mit Silbergriff und Silberscheide. Darüber steckten eine doppelte Holzflöte und ein Schreibzeugbehälter (*nyüdrok*) aus geschnittenem Eisen.

Abb. 143

Gegen Ende des Wettkampfes erinnerten die Leistungen der Schützen durchaus an die ihrer kriegerischen Vorfahren aus Turkestan.

Abb. 144

Die Prüfung des Pfeils vor dem Schuss.

Abb. 145

Der Bereich um die Zielscheibe war am letzten Tag des Argon darzess reich mit Pfeilen gespickt. Allerdings hatten nur wenige Pfeile die Zielscheibe selbst durchbohrt.

Abb. 146

Anlässlich des Argon darzess wurde 1982 ein Hochzeitsfest aufgeführt (vgl. S. 125). Zur Eröffnung des Hochzeitsfestes tanzten festlich gekleidete Männer in ladakhischen Trachten. Der mit Goldfäden verzierten Hut (ladakhi *ser-thob*) des Mannes rechts im Bild wies seinen Träger als Hochzeitshelfer (ladakhi *nyo pa*) aus.[66]

[66] Vgl. Brauen in „*Feste in Ladakh*", S. 64 und Abb. 15, 20, 25, 29, und 32.

Abb. 147

Hier sieht man die Brautmutter und den Brautwerber (ladakhi *a zhang*).

Abb. 148

Ein hoher Würdenträger mit reichem Goldschmuck.

Abb. 149

Alle Akteure in diesem farbenprächtigen Spiel waren Männer, sogar die Braut mit ihrer Mutter, die wir auf diesem Bild sehen (vgl. S. 125).

Abb. 150

Der Festplatz: Das noble Zelt der Argoni lag dem Zelt der verachteten Beda-Musikanten gegenüber (vgl. S. 126). Die Zielscheibe ist links im Bild zu sehen.

Abb. 151 links

Landschaft im oberen Industal. Dramatische Wolkenstimmungen folgen in Ladakh oft rasch hinter einander. Für uns war diese grandiose Landschaftskulisse 1981 der Auftakt zu einem ungewöhnlichen Erlebnis, denn wir wurden eines Gottes im Menschenleib ansichtig (vgl. S. 127).

Abb. 152

Die *cham*-Tänze im Fiang-Gompa 1982. Der Gott Mahakala tanzt hier in seiner grünen Form vor der großen Thanka.[67] Man kann dieser Gottheit in Ladakh gelegentlich auch heute noch in Menschengestalt begegnen (vgl. S. 128)

[67] Vgl. zur Ikonografie „*Schmuck aus dem Himalaja*", S. 124 und 128.

Abb. 153

Dieses Heiligtum in den Arawali-Bergen in Rajasthan ist der Wohnort eines Schlangenkönigs (*Nagaraja*).
Der Stein, der seine heilige Behausung bedeckt, wird regelmäßig mit in Milch angemischtem Zinnober (*sindhûr*) bestrichen.[68] So ähnlich dürfen wir uns eventuelle Farbopfer an den heiligen Bildsteinen in Ladakh vorstellen (vgl. S. 112–113).

Abb. 154

Vajra und Ghanta am Eingang zu einem Tempel. Sie symbolisieren in der buddhistischen Meditation die männliche und weibliche Energie im Kosmos.

[68] Vgl. „*Kavachha – Die Amulette der Hindus Indiens*", 3. Auflage, S. 151.

LITERATURVERZEICHNIS

BRAUEN, MARTIN, „*Feste in Ladakh*“, Graz 1980.

CHARRIÈRE, GEORGES, „*Die Kunst der Skythen*“, Köln 1974.

CUNNINGHAM, ALEXANDER, „*Ladakh – Physical, Statistical & Historical*“, reprint, New Delhi 1977.

ELIADE, MIRCEA, „*Schamanismus und archaische Ekstasetechnik*“, Zürich/Stuttgart 1975.

EVERS, DIETRICH, „*Felsbilder – Botschaften der Vorzeit*“, Leipzig, Jena, Berlin 1991.

FRANCKE, A. H., „*Antiquities of Indian Tibet*“, Vol. I und II, New Delhi 1972 (reprint).

FRANCKE, A. H., „*Ladakh, the Mysterious Land*“, New Delhi 1978 (reprint).

GENOUD, CHARLES, INOUE, TAKAO, „*Buddhist Wall-Paintings of Ladakh*“, Genève 1982

GOEPPER, ROGER, PONCAR, JAROSLAV, „*Alchi*“, London 1996.

HAM, VAN, PETER, STIRN, AGLAJA, „*Buddhas Bergwüste – Tibets geheimes Erbe im Himalaya*“, Graz 1999.

HAM, VAN, PETER, „*Indiens Tibet – Tibets Indien*“, München 2009.

JETTMAR, KARL, „*Rockcarvings and Inscriptions in the Northern Areas of Pakistan*“, Islamabad 1982.

JETTMAR, KARL, „*Die frühen Steppenvölker*“, Baden Baden 1964.

KEILHAUER, ANNELIESE und PETER, „*Ladakh und Zanskar*“, Köln 1980.

MÜLLER, C. C., RAUNIG W. (Hsg.) „*Der Weg zum Dach der Welt*“, Innsbruck 1983.

OKADA, AMINA, „*Le Motif Floral Dans les Tissus Moghols*“, Paris, AEDTA 1995.

SCHENK, AMELIE, „*Schamanen auf dem Dach der Welt*“, Graz 1994.

SNELLGROVE, D., SKORUPSKI, T., „*The Cultural Heritage of* Ladakh“, Vol. I und II, New Delhi, Bombay, Bangelore 1977.

TUCCI, GIUSEPPE, „*Transhimalaya*“, Archaeologia Mundi, Delhi/London 1973

WEIHRETER, HANS, „*Schmuck aus dem Himalaja*“, Graz 1987.

WEIHRETER, HANS, „*Westhimalaya – Am Rand der bewohnbaren Erde*“, Graz 2001.

WEIHRETER, HANS, „*thog-lcags – Geheimnisvolle Amulette Tibets*“, Augsburg 2002.

WEIHRETER, HANS, „*Kavachha – Die Amulette der Hindus Indiens*“, 3. erweiterte Auflage, Augsburg 2006.

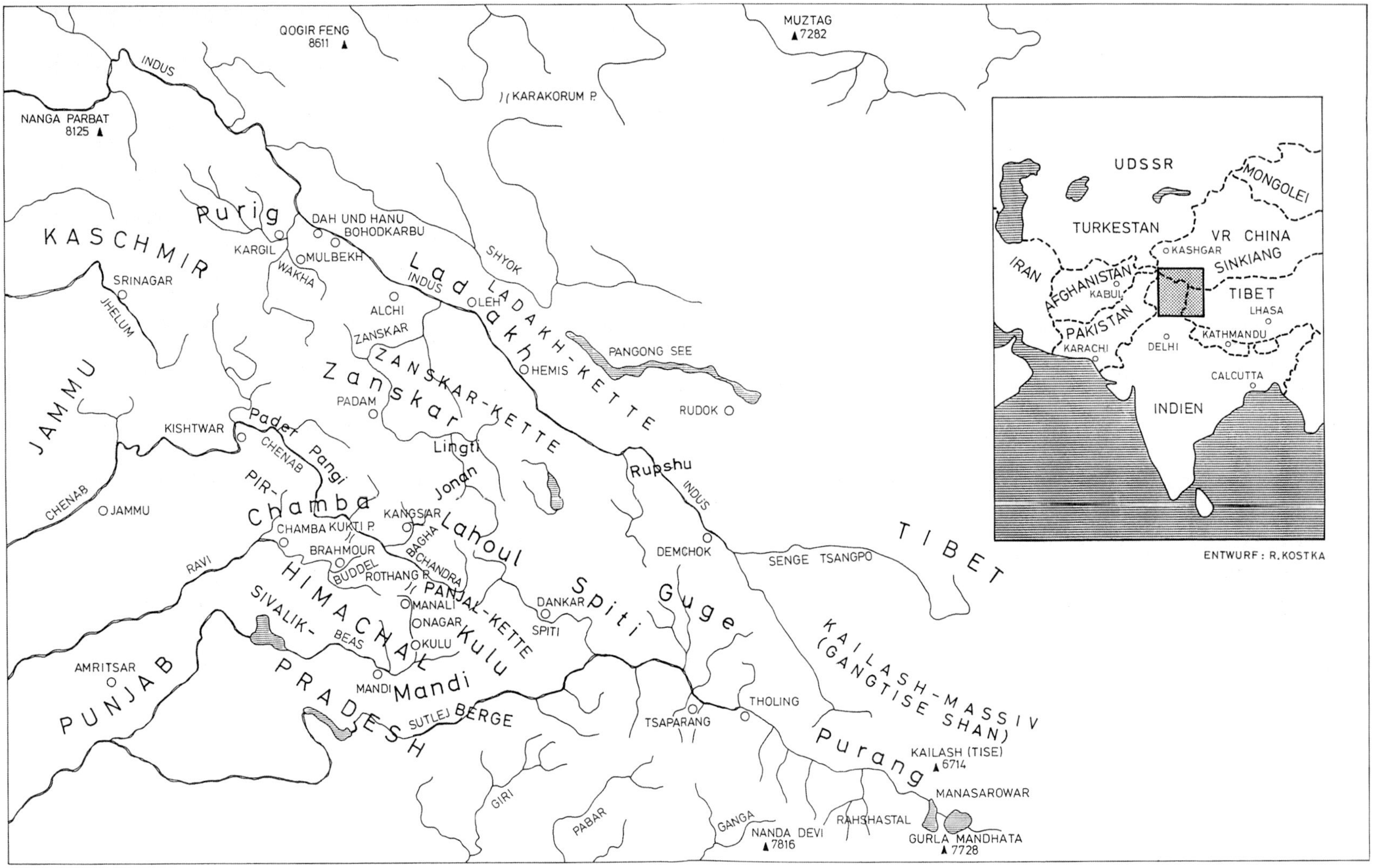

Die Region Westhimalaya mit Ladakh in den achtziger Jahren des 20. Jahrhundert.